Les nouvelles cordes sensibles des Québécois

Du même auteur :

La publicité, toute la publicité, rien que la publicité, Éditions de la Table ronde, 1967

Les consommateurs canadiens-français, Éditions de la Table ronde, 1970

La publicité québécoise, Éditions Héritage, 1976

Les 36 cordes sensibles des Québécois, Éditions Héritage, 1978

The Quebec Difference, Éditions Héritage, 1981

La vie de château, Québec Amérique, 2003

Jacques Bouchard

Les nouvelles cordes sensibles des Québécois

Les Éditions des Intouchables bénéficient du soutien financier de la SODEC, du Programme de crédits d'impôt du gouvernement du Québec et sont inscrites au Programme de subvention globale du Conseil des Arts du Canada.

Nous reconnaissons l'aide financière du gouvernement du Canada par l'entremise du Programme d'aide au développement de l'industrie de l'édition (PADIÉ) pour nos activités d'édition.

LES ÉDITIONS DES INTOUCHABLES
816, rue Rachel Est
Montréal, Québec
H2J 2H6
Téléphone : (514) 526-0770
Télécopieur : (514) 529-7780
www.lesintouchables.com

DISTRIBUTION : PROLOGUE
1650, boulevard Lionel-Bertrand
Boisbriand, Québec
J7H 1N7
Téléphone : (450) 434-0306
Télécopieur : (450) 434-2627

Impression : Transcontinental
Conception de la couverture et infographie : Geneviève Nadeau
Révision, correction : Élyse-Andrée Héroux et Julie Van Houtte
Photographie de l'auteur : Paul Labelle photographe

Toutes les photographies © Caroline Hayeur / Agence Stock Photo sauf #36 les nationalismes © Jean-François Leblanc / Agence Stock Photo
www.agencestockphoto.com

Dépôt légal : 2006
Bibliothèque et Archives nationales du Québec
Bibliothèque nationale du Canada

ISBN-10 : 2-89549-253-0
ISBN-13 : 978-2-89549-253-5

À Caroline

PRÉFACE

PAR LAURENT LAPIERRE

UN CHERCHEUR, UN CRÉATEUR ET UN ÉCRIVAIN

Lorsque Jacques Bouchard revient au Québec, en 2002, après douze ans d'absence, il ne retrouve pas la société qu'il avait laissée. Sa curiosité toujours aussi vive le pousse instamment à comprendre et à expliquer les changements que le recul lui a permis de constater. Le célèbre publicitaire considère alors l'évolution des fameuses racines et cordes sensibles qu'il avait élaborées avec tant de brio dans les années 1970 en vue de les actualiser. Ce livre est donc le fruit, pas tout à fait mûr, mais ô combien savoureux, des toutes dernières observations du chercheur sur les comportements des Québécois.

Jacques Bouchard, qui nous a malheureusement quittés en mai dernier, était un chercheur averti. Véritable anthropologue, il approfondit ses analyses auprès de chercheurs, d'auteurs et de groupes de discussion à qui il présente ses travaux. Humaniste, il nous livre ses réflexions profondes sur le fabuleux changement survenu chez les Québécois au cours des vingt-cinq dernières années. Faisant appel à son indéniable sens de l'observation, à sa profonde intuition et à la somme de ses lectures, il nous raconte, comme il l'avait fait en 1978, l'histoire qui nous influence et la culture qui nous façonne. Il commente simplement, avec passion et humour, ce qu'il a lu, vu et entendu, et tout ce que cela évoque dans son esprit.

Il ne prétend pas à une science exacte. Par ailleurs, quelle science « exacte » saurait traiter du comportement de nos semblables sans se borner à quelques trivialités ?

Jacques Bouchard ne reste donc pas neutre. Il lit sans relâche tout ouvrage susceptible d'alimenter sa réflexion sur nos « racines » et nos « cordes sensibles ». Comme quarante ans auparavant, il prend des notes, puis réunit des « informateurs » auxquels il propose le fruit de ses réflexions. Il les questionne et il se questionne. Enfin, il se mouille et nous donne son opinion de façon engagée, chaleureuse et colorée.

Jacques Bouchard porte en lui ces « racines » ; il n'est pas étranger à ces « cordes sensibles ». C'est probablement son plus grand atout en tant que chercheur. Il couve, en quelque sorte, son propos avant de nous le livrer. Il ne nous en lègue cette fois que des fragments : une sorte de *work in progress* laissé en héritage sur sa table de travail, qui permet au lecteur de voir l'évolution de sa pensée. D'une certaine façon, cet ouvrage ne pouvait qu'être une « œuvre inachevée ». Comme tout organisme vivant, le Québec évolue sans cesse, et rapidement. Voilà sans doute ce qui explique le besoin qu'a ressenti l'auteur d'actualiser le contenu des *36 cordes sensibles des Québécois*, publié il y a déjà vingt-cinq ans et qui avait connu tellement de succès.

Dans cette nouvelle édition, Jacques Bouchard a su garder la même attitude que celle adoptée en 1978. Il ne se surprend de rien et ne se laisse pas « encarcaner » par d'anciennes trouvailles, hypothèses ou modèles théoriques révolus. Le chercheur demeure réceptif à toute nouveauté et, comme « l'honnête homme » de la Renaissance, « il se pique de tout ». Si les racines n'ont cessé de croître, certaines cordes sensibles ont disparu ou ont été renommées, d'autres faisant carrément leur apparition. Bouchard ne cherche ni l'unanimité ni quelque fausse scientificité qui n'existeront jamais en matière de comportement humain. Forgés par leur histoire, les Québécois ont vécu des changements profonds depuis un quart de siècle. Jacques Bouchard nous soumet ses observations et ses réflexions.

Jusqu'à la fin, Jacques Bouchard a conservé l'esprit vif et le plaisir de raconter qui caractérisent son talent d'écrivain, titre auquel il n'a d'ailleurs jamais prétendu. Cependant, lorsqu'on le lit, on prend conscience de la pertinence de ses propos et de l'acuité de son jugement.

Que Jacques Bouchard ait pensé à moi pour écrire la préface de ces *Nouvelles cordes sensibles des Québécois* me touche profondément. Je suis ravi et honoré que Caroline Bouchard, son épouse, à qui cet ouvrage est affectueusement dédié, m'ait relancé. Je ne puis que vous convier à sonder plus avant les réflexions de cet audacieux créateur, de ce gestionnaire de créateurs, de ce «fou de la pub» que l'on nomme volontiers le «père de la publicité québécoise», un homme dont la pensée restera à jamais vive et pénétrante.

Salut, Jacques Bouchard !
Merci d'être toujours là.
À vous tous, bonne lecture !

LAURENT LAPIERRE
3 octobre 2006

Avertissement

Beaucoup d'eau a coulé sous les ponts du Saint-Laurent depuis la publication des *36 cordes sensibles des Québécois*, en 1978. Le terme « Québécois » était alors un néologisme : il a depuis fait oublier que nous avons été longtemps des « Canadiens français ».

J'avais présenté les *36 cordes* comme un jeu de société laissant aux lecteurs le soin de parfaire la grille de nos comportements au gré de leurs observations et de leur fantaisie. Le *feed-back* était au rendez-vous : une infirmière de l'hôpital Sainte-Justine imagina 89 cordes sensibles, cependant qu'un professeur de l'Université Laval peinait à en trouver 12. C'est variable.

Des centaines d'étudiants, cégépiens et universitaires, ont réalisé des travaux sur les *Cordes*, certains avec qui j'ai eu le plaisir d'entretenir une correspondance enrichissante. La bibliothécaire d'une de nos plus nobles institutions universitaires me confiait qu'à une certaine époque, *Les 36 cordes sensibles des Québécois* était le livre le plus « piqué » sur ses rayons. Faut-il s'en réjouir ?

En juin 1997, dans la revue *Affaires Plus*, le prince des sondeurs lui-même, Jean-Marc Léger, livrait une lecture des *Cordes* avec toute la rigueur scientifique qui sied à sa profession. Il en fit sauter dix et, généreux, en ajouta cinq nouvelles.

Plus récemment, l'excellente revue *RND* consacrait son numéro de mai 2005 aux *36 cordes*. La rédactrice Mélanie Saint-Hilaire avait invité deux spécialistes à décortiquer la grille… 25 ans plus tard ! Il s'agissait du sondeur François Descarie, vice-président principal et directeur général de Ipsos Descarie, et de Luc Dupont, professeur en communication à l'Université d'Ottawa et auteur du livre à succès, *1001 trucs publicitaires*[1]. S'abandonnant au jeu, nos experts n'y vont pas avec le dos de la cuillère : ils s'entendent pour conserver dix-sept cordes, mais sont divisés sur le sort des dix-neuf autres, prouvant de ce fait qu'il n'est pas facile, même pour des observateurs avertis, de porter un jugement sur toute une société. C'est la règle du jeu. Carl Jung écrivait : « Je n'exige pas une observation uniquement objective : elle est impossible. Je dois me montrer satisfait dès qu'elle n'est pas trop subjective[2]. »

Cette nouvelle version des *Cordes*, pas moins ludique que la précédente, tente de répondre à une seule et unique question : Avons-nous changé pendant ce quart de siècle ?

Il y a ceux qui croient que le Québec connaît un âge d'or, une renaissance, puis il y a Karl Marx. Ce penseur, que l'on ne cite plus beaucoup dans les salons, disait : « Les hommes font leur propre histoire, mais ils ne la font pas arbitrairement, dans des conditions choisies par eux, mais dans des conditions directement données et héritées du passé[3]. » Il ajoutait : « La tradition de toutes les générations mortes pèse longtemps comme un cauchemar sur le cerveau des vivants[4]. »

Les malins diront que Karl Marx s'est trompé une fois de plus. Pourtant, cette observation mérite qu'on s'y arrête : un quart de siècle n'est qu'une pichenette dans l'histoire d'un peuple. Un destin se mesure sur neuf générations, selon les taoïstes ; sur quatre, selon la Bible. D'après une nouvelle science, la psychogénéalogie, les tabous familiaux exerceraient une emprise sur notre destin, et ce, que nous en soyons conscients ou non. Ainsi, nous transporterions notre famille, même lointaine, avec nous. Et quoi de plus toxique que les secrets de famille.

Non contents d'avoir absorbé les grands courants des dernières décennies, telles la mondialisation, l'américanisation, les nouvelles technologies, les Québécois ont créé leurs propres remous sociologiques, ce qui a eu pour effet de désensibiliser certaines de leurs cordes, voire d'en rejeter une dizaine. Certains diront que c'est beaucoup ; d'autres, que ce n'est pas assez.

---

1. Luc Dupont. *1001 trucs publicitaires*, 3ᵉ édition revue et enrichie, Montréal, Transcontinental, 2005, 353 p.
2. Carl Gustav Jung. *Un mythe moderne*, Paris, Gallimard, 1961.
3. Karl Marx. *Le 18 Brumaire de Louis Bonaparte*, Paris, Éditions sociales, 1852, p. 15.
4. *Ibid.*

Au cours des 25 dernières années, la Belle Province a souvent retenu puis repris son souffle : le rapatriement de la Constitution canadienne, l'avènement de la précieuse Charte de la langue française, la tenue de deux référendums, quelque dix-neuf années de régime péquiste, la naissance du quartier gay de Montréal, l'émergence d'une voyoucratie exercée par les Hells Angels, deux récessions, la libération des mœurs, la baisse des naissances, la génétique, l'Internet, le téléphone portable et j'en passe.

Comme les Québécoises et les Québécois adorent suivre les modes, qu'il soit question de voitures, de vêtements, de musique, et que peu leur importe qu'elles changent au gré du vent, on pourrait penser qu'ils évoluent à la vitesse grand V. Mais en cela, ils ne font qu'obéir à leur fameuse corde 26, une vibration superficielle. Les mentalités évoluent beaucoup plus lentement que les modes : nous nous adaptons aux nouvelles percées de la science à notre propre rythme, et non le contraire.

À ce propos, j'ai d'ailleurs extrait de la première version plusieurs citations de journalistes, d'historiens et de sociologues tant elles s'imposaient par leur acuité... un quart de siècle plus tard.

En examinant de nouveau les Québécois à la loupe, nous devons prendre en compte certains phénomènes démographiques qui ont pu contribuer à l'évolution des comportements des consommateurs. La puissante cohorte de baby-boomers qui formait un tiers de la population en 1978, lors de la publication des *36 cordes sensibles*, est toujours bien présente, mais elle a vieilli d'un quart de siècle, non sans avoir fortement influencé son environnement par la seule force du nombre.

On parle désormais de quatre cohortes distinctes au Québec : les aînés, les baby-boomers (qui, dans dix ans, deviendront papy et mamie boomers), la génération X et la génération Y.

Si, en pratique, une corde sensible doit faire vibrer plus de 50 % des consommateurs, certaines d'entre elles peuvent atteindre des résultats supérieurs ou inférieurs à la moyenne selon qu'elles touchent l'une ou l'autre des cohortes. Cette lecture des *36 cordes sensibles* tient compte, autant que possible, de cette nouvelle donne.

La bonne vingtaine de « Jos Tremblay » qui composaient la table ronde de la version originale renaît de ses cendres sous la forme d'un groupe plus restreint réunissant huit personnes de cohortes différentes : quatre hommes et quatre femmes âgés de 22 à 67 ans appartenant à la cohortes des «Aîné», des «Boomer», des «X» ou des «Y».

Ils ont répondu verbalement ou par écrit à vingt questions. Leurs précieux *feed-back*, qui appuient ou contredisent souvent l'auteur, selon les différents sons de cloche, enrichissent l'ouvrage.

Les *Nouvelles cordes* se veulent toujours un jeu de société.

J'ai prononcé une douzaine de conférences intitulées *Les 36 cordes sensibles... 25 ans plus tard* auprès d'étudiants, de publicitaires et de gens d'affaires. Le jeu consistait à laisser l'auditoire éplucher chaque corde, en vue de l'éliminer ou de la conserver, avant de recomposer la grille selon son propre jugement ; si la discussion devenait trop serrée, un vote à main levée déterminait le sort réservé à la corde, qu'un rapporteur enregistrait diligemment. N'en doutez pas : les Québécois peuvent sérieusement discuter d'eux-mêmes pendant deux heures et en redemander. Notre littérature regorge d'exemples : les Québécois ont toujours intéressé les Québécois.

L'ensemble de ces auditoires, un bon millier de personnes, a, il va sans dire, énormément influencé le contenu de cette nouvelle version.

Je n'ai cessé au cours des trois dernières années de réactualiser l'analyse réalisée dans les années 1970, au moment de la préparation des premières *36 cordes*. Pour ce faire, j'ai fréquenté les médias qui parlent de nos cordes sensibles. J'ai continué d'écouter les bulletins de nouvelles et de lire les journaux. Des journalistes comme Foglia et Bombardier, pour n'en citer que deux, analysent souvent nos travers. Je remarque que *The Gazette*, *La Presse* et le *Journal de Montréal* affichent rarement les mêmes titres sur leurs frontispices. «Il faut titrer pour capter l'attention et vendre ce qui touche les gens», répétait un patron de presse. Les magazines des kiosques, avec leurs titres et leurs sujets d'intérêt, de même que les succès de librairie, étalent nos cordes au grand jour. Les journaux multiplient des chroniques et publient des cahiers spéciaux qui traitent de nos motivations. Par exemple, *La Presse* ne publierait pas sa chronique hebdomadaire sur les oiseaux du Québec si elle ne comptait parmi ses lecteurs plusieurs milliers d'ornithologues du dimanche capables de différencier un carouge à épaulettes d'un roitelet huppé.

Cette nouvelle grille demeure le fruit de l'intuition et de l'observation. Curieux et observateurs de nature, les publicitaires pratiquent l'anthropologie sous toutes ses formes. On peut dire d'eux, sans les déprécier, qu'ils sont des sociologues du dimanche.

Je me suis aussi abondamment inspiré des campagnes de publicité qui réussissent au Québec : le succès demeure toujours un argument incontournable.

Les trois besoins de base – alimentation, vêtements et logement – sont précisément ceux qui singularisent les consommateurs d'un pays à un autre et, au Canada, d'une province à une autre. Trouvera-t-on exagéré de compter la voiture comme quatrième besoin primaire ? L'industrie de l'automobile, le plus important annonceur au Québec, fait état de comportements intéressants : par exemple, savait-on que la voiture la plus vendue au Québec, la Mazda 3, n'apparaît même pas sur la liste des dix voitures les plus vendues dans les autres provinces ?

La façon de satisfaire nos besoins primaires varie énormément d'un pays à l'autre et, au Canada, d'une province à l'autre. Chaque consommateur, en puisant dans ses racines, laisse vibrer ses cordes sensibles, et c'est là, précisément, que l'observation devient passionnante.

Dans le Bulletin Fax du *Grenier aux nouvelles* (vol. 13, n° 26), le sondeur François Descarie précise que « l'anthropologie souhaite "observer" le sujet plutôt que de seulement l'interroger. Cette observation se déroule dans l'univers de l'observé et non dans un lieu étranger [...] il est indéniable que l'approche permet de scruter des comportements que des répondants ne sauraient ou ne voudraient pas communiquer ». Une visite au marché Atwater vous en apprendra énormément sur les consommateurs : âge, sexe, préférences alimentaires. Si vous avez la patience de rester dix minutes au coin de la rue pour observer les voitures qui passent, vous obtiendrez un certain profil des automobilistes : âge, sexe, revenu potentiel et préférences en matière de vêtements, d'accessoires pour la voiture, etc.

Pour citer Montaigne : « Je ne propose pas, je n'impose pas, j'expose. »

L'observation n'exclut pas les sondages scientifiques : ils sont très importants. Ceux que l'on publie régulièrement dans les médias accordent une grande importance à nos cordes et nous les utilisons à bon escient.

Définir les Québécois par leurs habitudes de consommation n'en reste pas moins un défi. Yvan Lamonde écrit : « La consommation et la publicité deviennent les nouveaux descripteurs du vieux principe des nationalités ; ce ne sont plus des introversions, territoire, langue, idéologies ou religion qui particularisent, mais l'extroversion de la consommation[5]. »

En tant que consommateurs, nous sommes, à plus d'un titre, restés distincts de l'ensemble du marché canadien. Toutefois, ces différences sont de moins en moins importantes aux yeux des annonceurs, internationaux ou canadiens, qui voient le Québec perdre la guerre du nombre. En raison de la dénatalité et du faible contingent de nos immigrants, les Québécois ne constituent plus que le quart de la population canadienne, alors qu'ils en formaient un peu moins du tiers en 1975. Mao a dit : « La richesse, c'est le nombre. » Le grand timonier ne pensait pas en termes de marketing, cela va sans dire. Pourtant, grâce à la seule densité de sa population, la Chine est en train de bouleverser la commercialisation mondiale. Le pays des dragons devient l'atelier du monde, chantier où l'on recense la moitié des grues de construction disponibles sur la planète. *Le petit livre rouge* était-il un traité de marketing ?

Par définition, le consommateur québécois est « québécois » : il possède six racines vitales, trente-six cordes sensibles. Il est « unique », en ce sens qu'aucun autre peuple au monde ne possède ce même bagage génétique. Ce qui n'exclut pas que les autres peuples possèdent également des racines et des cordes sensibles. Quand six millions de Québécois se distinguent dans leurs comportements de consommateurs des quelque 60 millions de Français dont ils sont proches parents et des 300 millions d'anglophones qui les entourent, on peut affirmer sans flatterie outrancière que ces consommateurs sont « singuliers ».

En dépit de facteurs historiques et géographiques souvent paradoxaux, le particularisme des Québécois laissés à eux-mêmes

---

5. Yvan Lamonde. *Histoire sociale des idées au Québec — 1896-1929*, Montréal, Fides, 2004, 328 p.

va primer dans leurs us et coutumes et se concrétiser dans les choix de leurs agissements sociaux ainsi que dans leurs choix de consommation.

En matière de consommation, les Québécois, qu'il s'agisse de leur nourriture, de leurs vêtements, de leurs habitations et désormais de leurs voitures, sont toujours «plus ou moins» que les consommateurs anglophones, canadiens ou américains. Extrêmement rares sont les sondages scientifiques à l'échelle canadienne ou américaine démontrant que nous rejoignons la moyenne des sondés : nous sommes toujours «plus ou moins».

Les 36 cordes sensibles telles qu'elles apparaissaient dans la version de 1978

1- Le bon sens
2- L'amour de la nature
3- La simplicité
4- La fidélité au patrimoine
5- La finasserie
6- L'habileté manuelle
7- Le complexe d'infériorité
8- Le bas de laine
9- L'envie
10- L'étroitesse d'esprit
11- Le matriarcat
12- Le commérage
13- La superconsommation
14- La recherche du confort
15- Le goût bizarre
16- La solidarité continentale
17- Le sens de la publicité
18- Les « nationalismes »
19- L'antimercantilisme
20- Le mysticisme
21- L'esprit moutonnier
22- Le fatalisme
23- Le conservatisme
24- La xénophobie
25- La joie de vivre
26- L'amour des enfants
27- Le besoin de paraître
28- Le talent artistique
29- La sentimentalité
30- L'instinctivité
31- Le chauvinisme
32- Le cartésianisme
33- L'individualisme
34- La sensualité
35- La vantardise
36- Le manque de sens pratique

Ce qui change

Sept cordes sensibles disparaissent. Elles sont remplacées par autant de nouvelles.

À force de prendre des coups dans les dents, nous avons corrigé plusieurs de nos défauts ataviques, et pas les moindres, c'est-à-dire ceux que nous traînions, dirons-nous, depuis les débuts de la colonisation et que nous avions cultivés par fidélité au patrimoine, corde 4.

Les cordes sensibles qui disparaissent

7- Le complexe d'infériorité
8- Le bas de laine
10- L'étroitesse d'esprit
19- L'antimercantilisme
20- Le mysticisme
24- La xénophobie
36- Le manque de sens pratique

Les nouvelles cordes

7- Le mercantilisme
9- La tolérance
16- La technologie
18- L'entrepreneuriat
19- Le scepticisme
23- L'hédonisme
35- La tergiversation

Les mêmes cordes sous des vocables différents

Simple question de sémantique : les mots neufs délogent les mots usés.

12- Le commérage devient
11- Le potinage

13- La superconsommation devient
12- La surconsommation

La numérotation des cordes ne correspond plus à celle de la version originale en raison de la répartition des nouvelles cordes attribuées à leur racine respective. Ainsi, certaines racines alimentent désormais sept cordes et d'autres, quatre.

Personne ne pleurera la disparition des cordes que nous traînions comme des boulets aux pieds depuis des lustres. Qui devons-nous remercier? Sans doute la génération des baby-boomers et une partie des X, femmes et hommes. Encore une fois, leur supériorité numérique fut certainement un avantage non négligeable.

Cet ouvrage ne se porte pas à la défense des baby-boomers, cependant, je ne peux omettre un fait incontestable: ceux qui sont nés entre 1945 et 1965 forment de fait la génération la plus populeuse de l'histoire québécoise. Ils nous auront débarrassés de défauts ataviques aussi graves que le complexe d'infériorité. En revanche, ils nous dotent de trois nouveaux défauts: l'hédonisme, la complaisance – qui se reflète dans une trop grande tolérance – et l'égoïsme, qui a viré au scepticisme. Parmi les ouvrages qui font l'éloge des baby-boomers, mentionnons *The Greater Generation* de Leonard Steinhorn (New York, St. Martin's Press, 2006), et *The Greatest Generation* de Tom Brokaw, le lecteur de nouvelles de la NBC (New York, Random House, 1998).

Le complexe du «minoritaire» est mort et enterré. Nous y aurons mis le temps. Nous nous sentons désormais assez forts dans bien des domaines pour exiger notre dû de qui que ce soit et même un peu plus pour reprendre le temps perdu. Selon une enquête menée en 2002, l'estime de soi aurait augmenté de 60 % chez les Québécoises et de 51 % chez les Québécois depuis 20 ans. Cette progression est stimulée par les 25-45 ans.

La corde 8, le bas de laine, s'est volatilisée. Mais pas l'argent. On ne parle plus que de pognon dans certains milieux du Québec. Ne pas posséder un REER ou un petit portefeuille de valeurs mobilières, c'est un peu coton. Les Québécois se sont précipités sur le livre du milliardaire Stephen Jarislowski, *Dans la jungle du placement*[6], pourtant pas un *thriller*, mais un *best-seller* selon un libraire connu. L'ère des boursicoteurs vient-elle de commencer au Québec?

---

6. Stephen A. Jarislowski et Craig Toomey. *Dans la jungle du placement*, Montréal, Transcontinental, 2005, 161 p.

La corde 10, l'étroitesse d'esprit, n'est plus. Duplessis, qui disait que « les Canadiens français avaient peu de place dans leur tête pour les idées des autres », va se retourner dans sa tombe. Avec cette abominable corde disparaissent ou s'atténuent ses corollaires: la susceptibilité, l'intolérance, la violence verbale, la pruderie. Les Québécois ont démontré une remarquable ouverture sur le monde depuis quelques décennies; ils voyagent davantage à l'étranger que les autres Canadiens.

Quand un sondage CROP-*La Presse* (juin 2005) nous révèle que 40 % des francophones ne voteraient pas pour un premier ministre anglophone, peut-on parler d'étroitesse d'esprit? Non, mais certainement d'un quiproquo ou, encore, de chauvinisme (corde 30), qui prend souvent la forme d'un patriotisme belliqueux. Selon ce sondage, les francophones pourraient élire un Noir, une femme, un homosexuel. Un Anglais unilingue, jamais; un Anglais bilingue, sans doute. Le quiproquo vient du fait que pour les Québécois, un Anglais est, par définition, unilingue. C'est de l'ignorance atavique, pas de l'étroitesse d'esprit.

La corde 19, l'antimercantilisme, n'a plus cours. « Bienheureux les pauvres, car ils verront Dieu. » Ce n'est plus approprié. Les Québécois veulent toujours aller au ciel, mais seulement après avoir vécu richement et, si possible, largement profité de la vie. Les enseignants de nos écoles commerciales, souvent des diplômés de Harvard ou de quelque autre université, n'ont rien en commun avec les maîtres d'école d'autrefois, les bons Frères des Écoles chrétiennes qui avaient tous fait vœu de pauvreté. Alors que d'anciennes sornettes de curé sanctifiaient notre infériorité économique, que le peuple fataliste répétait qu'il fallait de l'argent pour faire de l'argent, les Québécois des *Nouvelles cordes* font des affaires. Et gageons que plusieurs iront au ciel !

La corde 20 disparaît. Le mysticisme qui « nous faisait parler directement avec Dieu » ne toucherait plus que 20 % des Québécois. En 1967, un sociologue très respecté, Hermann Khan, prédisait que les Américains et les Canadiens (en particulier, les Québécois) feraient, dès 1980, un retour aux valeurs traditionnelles, au mysticisme et au patriotisme. Si ses prédictions s'avèrent justes pour les États-Unis, que Bush est en train de convertir en théocratie, elles sont loin de s'accomplir au Québec.

Pourtant, objectera-t-on, le Québec demeure le paradis des sectes, ô triomphe du crétinisme! Mike Kropveld, directeur général et fondateur d'Info-Secte, un organisme québécois sans but lucratif voué à sensibiliser le public au phénomène des sectes, prétend que nous sommes une société trop tolérante pour les sectes et ajoute que, depuis 30 ans, environ 3 000 groupes religieux, ésotériques et nouvel âge ont fait leur apparition; beaucoup de ces groupes sont problématiques.

En 2002, un sondage révélait que 34,2 % des Québécois croyaient à la possibilité d'une vie extraterrestre; 1,4 % affirmaient avoir vu des ovnis et prétendaient que la Terre avait été visitée par des Martiens fort sympathiques malgré leurs longs tentacules gluants. Un assez grand nombre de Québécois (le plus souvent des femmes) consultent des cartomanciennes, des voyantes et des astrologues mais, paraît-il, de moins en moins.

Exit la corde 24, la xénophobie. La disparition de cette corde ne choquera personne. De voleurs de jobs, les «étrangers» sont devenus des créateurs de jobs. On n'exige plus qu'ils soient Blancs, catholiques, francophones et en bonne santé. On peut encore pester contre les chauffeurs de taxi haïtiens «qui ne savent pas toujours où ils nous conduisent», contre les juifs hassidim d'Outremont «qui font bande à part», mais le discours est sans hargne. Même les Français ne sont plus «maudits». Un million de Québécois ont voyagé à l'étranger en 2004, dont 20 000 en Chine: ils y ont laissé leurs derniers préjugés. Nous sommes toutefois, et hélas! demeurés chauvins, comme le confirme la persistante corde 30; on ne peut pas tout corriger en 25 ans.

La corde 36, le manque de sens pratique, a sauté de justesse. Elle a été remplacée par la corde 35, la tergiversation. Il s'agit d'une demi-victoire. Les reproches formulés et, dans une large part, admis, quand, en 1980, Jean Duceppe nous enguirlandait: «... il faut apprendre à nous regarder tels que nous sommes, c'est-à-dire un petit peuple de paresseux capable de devenir un peuple de géants», quand, avant lui, Henri Bourassa parlait de notre «obésité morale» et le frère Untel, de notre «bouche aussi molle que nos aspirations», ne sont plus justifiés aujourd'hui.

Voilà pour les cordes qui disparaissent.

En ce qui concerne les sept nouvelles cordes, nous les commenterons au fur et à mesure qu'elles se présenteront dans la nouvelle grille. Pour le moment, contentons-nous de préciser que certaines d'entre elles constituent des acquis de taille pour notre avenir.

Quelques cordes changent de vocables : il s'agissait de les actualiser. Le commérage, par exemple, qui peut nuire à la réputation d'autrui, devient le potinage, bavardage inutile et inoffensif sur des touts et des riens.

La nouvelle grille nous réserve des surprises. On s'étonnera de passer, en 25 ans, du « bas de laine » au « mercantilisme », de « l'étroitesse d'esprit » à la « largeur de vue ». Le balancier québécois oscille souvent, et rapidement, d'un extrême à l'autre : la Révolution tranquille et la désertion des églises sont deux exemples de volte-face qui n'ont pas fini de surprendre les sociologues. Les Québécois n'en sont pas à un paradoxe près. Admettre ses volte-face, ses changements subits d'opinion, c'est commencer à les comprendre.

LES 6 RACINES VITALES

Cette nouvelle version des *36 cordes sensibles des Québécois* a-t-elle la prétention de dresser un portrait complet des Québécois ? Bonne question. Si les individus qui composent une société ne se connaissent jamais eux-mêmes, la société qu'ils forment se connaîtra encore moins.

Nous essayons de cerner les Québécois à partir des racines vitales, racines fixes et immuables, qui leur ont été léguées en héritage à la suite d'un concours de circonstances historiques. Elles n'ont pas été choisies. On ne choisit pas son père ni sa mère.

Grâce à ces racines, on peut distinguer ce qui paraît normal dans une société de ce qui l'est moins dans une autre. Chaque peuple possède un inconscient collectif qui le différencie des autres.

En raison de ses multiples racines, le Québécois est hybride et paradoxal. Pas surprenant qu'il s'enchevêtre souvent dans ses souches et en tire des comportements contradictoires et prime-sautiers.

En tant qu'utilisateur de biens et de services et sympathisant d'idéologies, de religions et de partis politiques, l'*homo consumens quebecencis* va quotidiennement puiser à même ses six racines vitales tous les stimuli nécessaires à ses prises de décisions.

En tenant compte de leur patrimoine génétique, culturel et historique, les Québécois sont :
1- de souche terrienne ;
2- en état de minorité ;
3- géographiquement nord-américains ;
4- de religion catholique ;
5- d'origine latine ;
6- d'ascendance française.

Ces racines sont ailleurs plus abstraitement libellées : terriennité, minoritairité, américanité, catholicité et francité.

Le type social du Québécois ressemble à un bouilli de légumes ; on ne s'attarde pas au goût d'un légume en particulier, mais si le chou vient à manquer, on le remarque très vite.

Dans notre inconscient collectif (nos racines), véritable sous-sol minier, nous puisons nos comportements, nos trente-six cordes sensibles. Elles vont influencer nos décisions d'achat, le choix d'un candidat aux élections, les émissions que nous regardons à la télévision, nos lectures, nos voyages, les restaurants que nous fréquentons. Si vous avez acheté une voiture qui coûte beaucoup trop cher pour vos moyens, ne dites pas que vous vous êtes mis le doigt dans l'œil ; vous avez simplement et malheureusement obéi à vos cordes sensibles.

Si nous voulions établir la grille des cordes sensibles des Canadiens anglais, nous ferions, ainsi que nous l'avons fait pour les Québécois, appel à leurs racines : saxons, majoritaires, protestants, royalistes, nord-américains, insulaires. Nous en dégagerions des cordes bien différentes des nôtres. Nous verrions qu'ils n'assument par leur américanité « à la québécoise » : ils se comparent avec leur gros voisin et aiment à se donner l'illusion qu'ils sont plus British que Yankee. Un farceur a dit que nos compatriotes anglophones ne possédaient que trois cordes sensibles : 1) l'argent ; 2) l'argent ; et 3) l'argent. C'est un peu court comme raisonnement.

Cet enchevêtrement de racines nous rend difficiles à définir. Benjamin Sulte[7] va nous simplifier les choses : « C'est un peuple qui semble avoir trop de richesses héréditaires pour que nous puissions le qualifier de simple[8]. » Par chance, il ne nous a pas qualifiés d'hétéroclites, heureusement.

Nous sommes différents, mais, inutile de pavoiser, nous savons que tous les peuples de la terre sont différents les uns des autres.

_____

7. Benjamin Sulte (17 septembre 1841 – 6 août 1923) était un journaliste, un critique littéraire, un historien, un militaire, un traducteur et un poète québécois. Il était très dévoué à l'étude de l'histoire du Canada, une passion qui le domina pendant toute sa vie professionnelle. (Wikipédia) [http://fr.wikipedia.org/wiki/Benjamin_Sulte] (Consulté le 7 octobre 2006.)

8. Benjamin Sulte. *Histoire des canadiens-français* [sic], *1608-1880. Origine, histoire, religion, guerres, découvertes, colonisation, coutumes, vie domestique, sociale et politique, développement*, Montréal, Wilson, 1882-1884.

A - Racine terrienne

La popularité des films *Un homme et son péché* (9 millions de dollars aux tourniquets) et *Le Survenant* nous ramène à cette bonne vieille racine terrienne.

Nous sommes tous, à quelques générations près, des « habitants ».

À la question « Où aimeriez-vous vivre si vous aviez le choix ? » posée en juin 2005 par Écho Sondage à 2 000 Québécois, 16 % des répondants préféraient la campagne à toute autre ville, alors que Montréal, la plus grande de nos villes, est celle, à 54 %, qu'ils auraient évitée en premier.

Aurions-nous conservé cette nostalgie de la terre, ce « déchirement » entre la ville et la campagne qui fut longtemps celui de nos ancêtres et un thème abondamment abordé par des générations d'écrivains ?

Duplessis, en distribuant ses largesses aux comtés ruraux, répétait « qu'il y aurait toujours un habitant dans chaque famille canadienne-française ».

On peut, à bon escient, se demander si le type d'habitant que décrivait, dans *Notre Milieu*, le brillant Gérard Filion (né campagnard à l'Isle-Verte et cité dans les *36 cordes*) existe toujours. « Il a gardé de ses ancêtres français les qualités physiques essentielles de sa race – il est, sans être très robuste – d'une endurance incroyable, "il a du chien". Il a des aptitudes très naturelles pour tous les métiers. Au moral, le paysan canadien-français est le frère siamois du Français. Du cœur à l'ouvrage et de la constance dans l'effort – mais il manque de vision –, c'est un calculateur, mais à courte échéance. Il est très hospitalier et aime fréquenter ses parents et ses amis – ce qui ne l'empêche pas d'être chicanier, plaideur obstiné et parfois batailleur. Il est attaché comme pas un aux biens de ce monde – sa terre, ses animaux et son argent. Autant il est sobre et frugal en temps ordinaire, autant il mange et boit avec excès en certaines circonstances – durant les Fêtes, aux noces, aux corvées, il passe pour ivrogne, mais il est rarement alcoolique. On remarque chez lui un curieux mélange de crédulité vis-à-vis des étrangers et de défiance envers les gens de son entourage. Il est en général très honnête et respecte sa parole. S'il boude son voisin depuis longtemps, il cherche quand même à savoir ce qui se passe chez lui. Il méprise volontiers les collets blancs, mais a l'ambition d'avoir un de ses fils prêtre, avocat ou médecin – souvent au prix de lourds sacrifices. »

Coder le texte de Filion selon la grille des anciennes cordes sensibles devenait irrésistible pour les étudiants : ils en trouvaient jusqu'à dix.

Certes, le cultivateur québécois qu'a décrit Bell Canada dans l'une de ses campagnes de publicité des dernières années, celle des « habitants de 1930 et leur parlure », ne correspond plus à la réalité. Cette campagne n'a pas moins suscité une levée de boucliers de la part d'associations rurales. Si cette parodie, plus satirique que méchante, a fait rire les rats des villes, tel ne fut pas le cas pour les rats des champs, qui protestèrent avec véhémence.

De nos jours, rares sont les agriculteurs qui se bercent le dimanche sur leur galerie en regardant passer les automobiles. Ils administrent des PME, possèdent des ordinateurs dernier cri, roulent en VUS et voyagent à travers le monde. Leur langage, qu'on a longtemps qualifié de « parlure », est souvent plus pur que celui des citadins. On n'a plus les « habitants » qu'on avait. Autrefois, « habitant » désignait une manière d'être, un style ; aujourd'hui, il nous serait bien difficile de reconnaître un habitant proprement dit s'il n'était derrière son échoppe ou son éventaire du marché Atwater. Sont-ils demeurés un tantinet plus traditionalistes que les citadins ? Peut-être.

Mais peu importe. Nous sommes tous, à quelques générations près, filles et fils de la terre. Il y a un peu plus de cent ans, 80 % de la population québécoise était rurale ; elle ne l'est plus qu'à 20 % aujourd'hui. Est-ce que vivre à la campagne serait une solution, quand l'économie va couci-couça, comme c'est le cas en ce moment ?

De plus, on est loin de l'époque où intellectuels et politiciens ne voyaient d'autre salut pour la race canadienne-française que le retour à la terre. Pensons notamment à la campagne publicitaire « Emparons-nous du sol[9] ». Courte vue de nos dirigeants.

Question : Combien d'agriculteurs ont disparu depuis 25 ans ? Quels ont été les changements remarquables de ce monde ?

---

9. Campagne de la Compagnie des Colons de l'Ouest ltée, Valleyfield, Qc, 1907, dans *Les Cloches de Saint-Boniface*, vol. 6, n° 9, 1er mai 1907, p. 120-122.

B - Racine minoritaire

Nous conservons notre racine minoritaire puisque, majoritairement, 0,5 % des Québécois le veulent ainsi. C'est ainsi qu'ont été interprétés par certains les résultats du dernier vote référendaire sur la souveraineté.

En principe, nos six racines sont immuables, pourtant cette racine a souvent été remise en cause. Est-elle aussi immuable que les cinq autres? Si nous avions voté OUI aux référendums, nous serions passés de minoritaires à majoritaires.

À 49,50 %, les électeurs qui ont voté OUI lors du référendum de 1995 en douteront. Supposons que le OUI l'ait emporté en 1995. Les Québécois seraient alors devenus majoritaires dans leur propre pays: ils auraient hérité d'un nouvel habitat (pour ne pas dire d'une nouvelle racine) qui aurait fait naître, à la longue, de nouveaux comportements (pour ne pas dire de nouvelles cordes sensibles). Pourquoi notre fameux complexe d'infériorité, si longtemps cultivé, ne deviendrait-il pas un complexe de supériorité? Cela s'est déjà vu ailleurs. Et quelles autres cordes aurions-nous développées à partir de cette nouvelle racine?

Quels seraient, par exemple, nos comportements envers les minorités anglophones et allophones du Québec? Serions-nous, tout à coup, intéressés au sort du million de francophones hors du Québec? Quelle serait notre attitude envers les Autochtones?

L'histoire nous enseigne que les peuples les plus ostracisés ne deviennent pas forcément les plus ouverts quand leur situation politique ou linguistique se renverse. Ce n'est jamais facile de manier le gros bout du bâton et d'oublier l'«œil pour œil, dent pour dent». Nous développerions d'abord des réflexes de majoritaires, de nouvelles attitudes et, après plusieurs décennies, de nouveaux comportements et cordes sensibles.

Cette racine minoritaire entraîne la perte de deux cordes sensibles, et pas des plus enviables: le complexe d'infériorité et l'étroitesse d'esprit. Qui devons-nous remercier? La cohorte des boomers, notre nouvel esprit d'entreprise, notre fringale de voyages, la mondialisation? Se sentir minoritaire est un état d'esprit. Peut-être avons-nous compris que nous étions majoritaires au Québec et qu'il fallait nous assumer?

C – RACINE NORD-AMÉRICAINE

Un nouveau courant antiaméricain est-il en train d'émerger au Québec, comme certains le prétendent? Qu'une grande majorité de Québécois soient contre la guerre en Irak et qu'ils aient été déçus de la réélection de Bush à la présidence ne fait que refléter une grande partie de l'opinion mondiale. Conspuer « Doubleiou » ne fait pas de nous des antiaméricains patentés.

Aux dernières élections américaines, une importante majorité de Québécois (près de 70 %) favorisaient les démocrates ; l'ensemble des Canadiens leur était favorable à 56 %. Ironie du sort, toutes les villes américaines à forte prédominance démographique canadienne-française, celles du Maine, du Rhode Island et du Massachusetts, ont pareillement voté contre Bush et son conseiller démoniaque, Karl Rove.

Les Québécois n'hésitent pas à considérer les États-Unis et la France comme leurs plus grands amis, alors que le reste du Canada, qui choisit également les États-Unis, place l'Angleterre en deuxième position. Ce qui n'empêche pas la majorité des Canadiens de penser que les États-Unis profitent davantage de l'Accord de libre-échange que leurs deux autres partenaires, ni de penser que les relations canado-américaines se sont nettement détériorées au cours des dernières années. Les Canadiens relancent le contentieux en évoquant la position du Canada en Irak, Kyoto, le bois d'œuvre, l'embargo sur le bœuf, le bouclier antimissile et quelques autres pacotilles que les diplomates laissent traîner en espérant voir les solutions s'imposer d'elles-mêmes. Le Parti conservateur, qui dirige désormais les destinées politiques du Canada, est réputé pro-Bush et à tendance nettement républicaine.

Nous pardonnons facilement aux 94 % d'Américains qui ne connaissent pas le nom de notre premier ministre, aux 59 % qui ignorent que le Québec est francophone, aux 19 % qui ne savent pas où se situe le Canada. Comme nous pardonnons facilement à George W. sa croisade contre Darwin et sa volonté de faire de l'Amérique une théocratie. Si les Américains ne veulent plus croire qu'ils descendent du singe, cela les concerne, et ce ne sont pas les très laïques Québécois qui s'en offusqueront. Et nous acceptons de bonne grâce le prolongement de l'heure d'été «à l'américaine», même si l'on ne nous a pas consultés au préalable. Ces broutilles ne semblent pas altérer notre amitié.

Néanmoins, une très faible proportion de Canadiens (moins de 10 %) souhaitent l'annexion aux États-Unis, les deux pays étant trop différents selon 87 % des Québécois et 58 % des autres Canadiens.

Nous fréquentons les Américains depuis trop longtemps pour les craindre. Et contrairement aux Européens qui peuvent à certains moments mésestimer la force et la puissance des États-Unis, nous pouvons tous les jours évaluer les forces et les faiblesses de notre gros voisin. D'ailleurs, quel pays ne voudrait pas être voisin des États-Unis ? Demandez-le aux huit millions de Mexicains qui ont franchi les frontières états-uniennes illégalement depuis quatre ans. Demandez-le aux manufacturiers québécois du croissant des Appalaches qui s'inquiètent de la montée du huard parce qu'ils exportent 85 % de leur production. Des liens très étroits nous unissent aux Américains.

Nous nous rendons bien compte que les événements du 11 septembre 2001 n'ont pas dérangé les habitudes de voyage des Québécois ; les voyagistes font état d'une baisse minime des déplacements entre le Québec et les États-Unis Plus de 86 % des Québécois sont allés aux États-Unis au moins une fois dans leur vie, et nous ne cesserons pas de rendre visite à notre voisin. Avez-vous entendu dire que les Québécois avaient vendu leurs copropriétés en Floride, qu'ils avaient cessé de prendre l'avion pour aller magasiner à New York ou voir Céline Dion donner un concert à Las Vegas ?

Le fait que nous pourrions bientôt avoir à montrer notre passeport pour traverser le 45e parallèle et nous baigner à Old Orchard a quelque chose d'agaçant, pour ne pas dire de disgracieux. On ne demande pas à un vieil ami de présenter une pièce d'identité quand on l'accueille à dîner chez soi.

Le professeur Yvan Lamonde s'est longuement interrogé sur l'américanité des Québécois. Il écrit : « L'américanité construite dans tous les pays du nouveau monde fait partie de la géopolitique du Québec au moins depuis l'invasion du Canada par l'armée états-unienne en 1774 […]. Et l'américanité du Québec déborde de plus en plus, dorénavant, de la lourde présence des seuls États-Unis : elle est déjà [présente] dans nos voyages dans le Sud, dans les vins, les fruits, les légumes que le Chili, le Mexique exportent chez nous l'année durant, dans la musique latino toujours aussi populaire[10]. »

Boomer-homme, lui, a été touché par les événements du 11 septembre : « Moi, j'ai pleuré. Je vous le dis et y a pas de honte à ça. Les Québécois ont pleuré, pas mal de Québécois. Ça m'a fait le même effet que si les avions étaient tombés sur le parlement de Québec ou sur l'immeuble de l'Hydro. La même chose. J'étais scié. Je suis resté collé à la télé pendant toute la semaine comme un zombie. J'ai visité New York trois fois dans ma vie et les tours, je les avais grimpées, des pompiers, j'en avais vu, des gens de la place, j'en connaissais. Les fous de Dieu ont détruit mes souvenirs. C'est moi que ces enfants de… ont attaqué. »

La solidarité continentale de Boomer est sans faille.

Près d'un demi-million de Québécois vont en Floride chaque année et y laissent deux milliards de dollars. Beaucoup y passent un peu moins de six mois par année, juste assez longtemps pour éviter d'enfreindre les lois sur l'immigration.

D – Racine catholique

Vendu à 25 millions d'exemplaires, traduit en 35 langues, le roman à succès de Dan Brown, *Da Vinci Code*, tend à prouver que notre racine catholique donne encore de la sève. Ce livre, qui connaît un immense succès au Québec, a caracolé en tête du palmarès Renaud-Bray pendant quinze semaines, se classant deuxième, derrière *Harry Potter*, au palmarès « Les 100 livres qui vous racontent » du magazine *L'actualité*. Jésus a-t-il eu un enfant de Marie Madeleine ? Cette question ne pouvait que réveiller à la fois notre vieille racine catholique et les membres de l'Opus Dei, comme l'avait fait en 1988 le film de Martin Scorsese, *The Last Temptation of Christ*. L'œuvre de fiction de Brown, mise à l'Index par le Vatican, a donné naissance à une foule de clones auxquels même des auteurs considérés comme sérieux, dont Jacques Attali, n'ont pas échappé.

Le catholicisme au Québec était dans un état désastreux il y a trente ans ; il l'est toujours aujourd'hui. On ne sait que faire

---

10. Yvan Lamonde. *Ni avec eux ni sans eux*, Saint-Laurent, Nuit blanche éditeur, 1996, 125 p.

des centaines d'églises du Québec. Certaines sont détruites, transformées en copropriétés, envahies par des organismes associatifs et communautaires ou encore cédées à d'autres communautés religieuses. Autrefois, le clocher était le seul moyen de communication d'une communauté : d'aussi loin qu'il pouvait se faire entendre, il appelait les fidèles aux offices, carillonnait les baptêmes, sonnait le glas aux enterrements ou avertissait les paroissiens d'un incendie ou d'une inondation menaçante. Aujourd'hui, les nouvelles en continu de chaînes comme RDI et CNN l'ont remplacé. Admettons que le tintement de l'angélus dans un paysage champêtre au coucher du soleil était plus poétique que les horreurs que nous déverse quotidiennement la télévision.

À une époque, le catholicisme canadien-français s'est cru tout-puissant, unique au monde. Autrefois, nous exportions des missionnaires ; aujourd'hui, il n'est pas rare de rencontrer dans les rues de Montréal de jeunes nonnes africaines ou asiatiques qui appartiennent à nos congrégations.

Certains milieux pensent qu'il est temps que les Québécois reconnaissent le rôle fécond qu'a joué l'Église tout au long de notre histoire.

Certes, messeigneurs Jean-Claude Turcotte et Marc Ouellet n'ont rien des sévères évêques d'autrefois qui faisaient pleuvoir édits et condamnations du haut de la chaire : ils ont des têtes plutôt sympathiques. De même que les quelques jeunes prêtres que l'on interviewe parfois à la télévision. Il faut dire que l'Église n'abuse pas des médias à l'américaine, même si l'agence Bos a réalisé quelques publicités efficaces pour l'évêché de Montréal. Mais ce n'est pas assez. Les sujets intéressants ne manquent pas : la place des femmes dans l'Église, les mariages gais, la déconfessionnalisation des écoles publiques et le recours à des clauses dérogatoires controversées, le partage définitif entre l'Église et l'État.

Depuis la parution des premières *Cordes*, le nombre de jeunes en formation ecclésiastique est passé de 402 à 3 chez les prêtres et de 426 à 68 chez les religieuses ; le nombre total des religieux, hommes et femmes, soit 22 471, a diminué de plus de la moitié, et la moyenne d'âge se situe à 73 ans. On pense qu'il ne restera plus qu'une dizaine de bonnes sœurs au Québec en 2050.

Nous restons catholiques par tradition et par culture, tenant tant bien que mal par le trognon de la racine. Par exemple, trois nouveaux-nés sur quatre sont baptisés au Québec. On fait baptiser « pour ne rien se faire reprocher plus tard », pour ne pas passer pour païen. Entre 1991 et 2002, les mariages catholiques ont chuté de 40 %.

Une remarque du sociologue Marcel Rioux[11], citée dans les *Cordes* de 1978, conserve-t-elle son à-propos? « Plus globalement, le Québec reste imprégné de cette religion et cela se manifeste dans sa recherche d'absolu, dans sa façon déductive de raisonner, dans son penchant pour les structures hiérarchiques, dans ses attitudes manichéennes et dans sa panoplie extrêmement riche de jurons religieux. » Cordes 20, 32, 36 ?

D'une part, une très grande majorité de Québécois (9 sur 10) continuent d'affirmer aux sondeurs qu'ils sont catholiques ; ils seraient gênés de se dire libres penseurs, agnostiques ou athées. Nous sommes en cela manichéens, pour le vice et la vertu. Ou peut-être parlons-nous à Dieu comme des mystiques, directement, sans intermédiaire, en face à face pour ainsi dire. Pascal a bien dit que l'on ne pouvait pas prouver l'existence de Dieu : nous semblons penser qu'il est moins risqué de prier Dieu même s'il n'existe pas que de ne pas le prier s'il existe.

D'autre part, nous faisons preuve d'une indulgence bien chrétienne envers ceux qui pratiquent d'autres religions. Éric Clément, dans *La Presse* (26 mars 2005), nous révèle que les Montréalais cohabitent avec 335 000 protestants (en forte régression), 24 000 hindous (en augmentation), 200 000 musulmans, dont une forte représentation maghrébine (en hausse de 142 % depuis 10 ans), et de nombreux juifs, les hassidim étant les plus fervents et les pratiquants les plus stables.

On peut dire que la ferveur des Québécois pour Jean-Paul II ne s'est jamais démentie, participant à un phénomène charismatique planétaire. L'effet Jean-Paul n'aura eu d'égal que l'admiration vouée à la princesse Diana et, à une moindre échelle et plus près de nous, la Trudeaumanie.

---

11. Marcel Rioux (1919-1992), sociologue critique, est l'un des principaux responsables de la prise de conscience de l'identité québécoise et l'un de ses grands promoteurs sur la scène internationale. Son discours est radical : ouvertement agnostique et indépendantiste, il convie les Québécois à créer de toutes pièces une société égalitaire et autogérée.

Le pape Benoît XVI sera-t-il un conservateur intransigeant, antifemmes, antisexe, antihomos, antidécentralisation de l'Église, antimariage des prêtres, , anti-ouverture vers les autres Églises chrétiennes ?

L'appétit du sacré reste présent chez nous. Gageons que si le Québec trouve un chef religieux aussi théâtral, charismatique et télégénique que le défunt pape, le Québec pourrait rouvrir les églises. Encore faudrait-il qu'il soit moins conservateur et moins dogmatique que son illustre modèle.

Malgré tous ses avatars, la religion catholique n'est pas morte au Québec. Le Vatican est une institution planétaire d'une force peu commune : il ne faudrait pas un gros miracle pour ramener une bonne majorité de Québécois mystiques à une religion catholique nouvelle.

Par exemple, la dîme, qui remonte au Régime français, est toujours pratiquée dans bon nombre de paroisses : les petites enveloppes blanches du curé n'amassent pas moins de six à sept millions de dollars par année.

E – RACINE LATINE

Des Latins dans un pays froid, c'est bien paradoxal. L'enchevêtrement de nos racines produit des antinomies qui nous caractérisent, nous déterminent.

Les rythmes latins ont fait par le passé le succès d'Alys Robi et, plus récemment, celui de Pascale Bussières qui interprète la chanteuse dans un film biographique. À une époque, tout le Québec chantait : « Entendez-vous le chica chica boum chic. »

Dans son excellent essai sur les Québécois, *Sacré Blues*, Taras Grescoe tente de nous faire perdre notre latin : « En vingt ans, avec le déclin de l'influence de Rome, les Québécois – dont un grand nombre descendent des Normands – qui étaient eux-mêmes des Vikings francisés – sont désormais latins de langue seulement[12]. » On voit que ce jeune auteur n'a pas connu Alys Robi et ses « chica chica boum chic », qu'il n'a pas eu le loisir de voir la biographie filmée de notre Carmen Miranda nationale avec Pascale Bussières dans le rôle titre, dont le sens du rythme latin est aussi authentique que celui que l'on entend à Cuba.

---

12. Taras Grescoe. *Sacré Blues*, Montréal ,VLB éditeur, 2002, 440 p.

Des Vikings, nous ? Tout autant que les Espagnols, les Italiens, les Roumains, les Portugais, nous pouvons nous réclamer de Latium, d'avoir des ancêtres qui ont parlé latin, la langue de la loi et des actes publics, et qui ont écrit sur la philosophie et les sciences en latin, du moins jusqu'à François Ier. Les Québécois cultivés ont étudié le latin au collège et nos avocats, dont Bernard Landry, citent les locutions latines des pages roses du *Petit Larousse Illustré* comme Cicéron lui-même dans son *De oratore*. Le latin étant la langue officielle de l'Église, les Québécois ont tous ânonné des réponses en latin, qu'importe s'ils en comprenaient le sens.

Pour ne pas renier nos ancêtres normands (northman), soulignons que nous sommes les seuls latins nordiques au monde. Nos minces traces génétiques normandes nous auront aidés à surmonter des centaines d'hivers canadiens, les pieds froids mais la tête chaude. N'oublions pas que nous vivons sur un continent qui compte 160 millions d'habitants, dont 40 millions vivent aux États-Unis. Pourtant, le Mexique reste la destination vacances privilégiée des Québécois. Comme quoi, même si « mon pays, c'est l'hiver », notre résistance à ses limites.

F – RACINE FRANÇAISE

De 1767 à aujourd'hui, nos relations avec la France se déroulèrent à l'enseigne d'une quasi-indifférence mutuelle.

Des Québécois, surtout de l'intelligentsia, des religieux, des professeurs universitaires, des écrivains visitaient la France : l'inverse était plutôt rare. En France, on connaissait de nous *Maria Chapdelaine* et *Ma cabane au Canada*. Les films français, comme les livres, ont subi pendant 50 ans la censure du clergé et de Maurice Duplessis ; il fallut attendre les années 1960 pour voir débarquer chez nous Roche, Aznavour, Clairette et Jean Raffa qui venaient pousser la chansonnette et mettre à la mode les boîtes à chansons, tandis que sur le Vieux Continent, les Français découvraient Félix Leclerc. Plus tard, « les voix » du Québec deviendraient nos meilleures ambassadrices en France.

Il n'y a pas si longtemps de tout cela. Depuis, du côté artistique, l'atmosphère s'est quelque peu réchauffée : nos artistes sont bien accueillis en France. En 2005, le CBOC (Conference Board of Canada) a évalué à plus de 200 000 le nombre de Québécois ayant visité la France, certains pour la troisième fois et plus ; ce pays reçoit 75 millions de visiteurs chaque année. De plus, 2 000 Québécois vivent en France.

Toujours en 2005, la journaliste française Valérie Lion publiait un livre extrêmement flatteur à l'endroit des Québécois, *Les irréductibles Québécois*[13], et cela, sans la moindre condescendance. Échange de bons procédés, Éric Clément, journaliste à *La Presse*, publie au même moment *Français de Montréal*[14], où il décrit une vingtaine de Français qui ont pris racine ici « et ont eu une certaine influence depuis la Révolution tranquille comme Françoise Kayler, qui a contribué à l'émergence de la gastronomie, Clairette, à celle d'une certaine chanson francophone, et Paul Buissonneau pour son rôle de pionnier de notre théâtre ».

Du côté des affaires, le dégel mit beaucoup plus de temps.

À l'époque, une journaliste française avait interrogé René Lévesque : « Si vous ne pouvez pas négocier un marché commun avec le reste du Canada, de qui attendez-vous une aide ? Des États-Unis ou de la France ? » Belle question pour un premier ministre. Il répondit : « Les États-Unis sont certainement un prolongement économique naturel du Québec. Beaucoup d'affaires se font déjà avec eux, mais il importe de réfléchir avant de marier un éléphant à une souris. Quant à la France, je dois dire qu'il est, en général, très difficile de transiger avec elle. Pourquoi ? Peut-être sommes-nous finalement, comme le disait Bernard Shaw, "séparés par une même langue". Nous avons beau parler, il y a entre vous et nous trois siècles d'histoire, un océan, un continent et cela provoque pas mal d'incompréhension et de malentendus dont nous avons parfois souffert dans le passé. »

Le Canada anglais aura su mieux que nous tirer profit de l'axe Toronto-Londres et de ses relations avec les pays du Commonwealth. Nous aurions pu penser que la langue et des affinités naturelles auraient été propices à des échanges commerciaux entre le Québec et les pays de la francophonie ; or il n'en fut rien. Par exemple, les exportations québécoises

---

13. Valérie Lion. *Les irréductibles Québécois*, Paris, Éditions des Syrtes, 2005, 240 p.
14. Éric Clément et Bertrand Lemeunier. *Français de Montréal*, Montréal, Éditions La Presse, 2006, 272 p.

vers l'Hexagone n'ont jamais atteint le milliard de dollars, alors qu'elles dépassent 50 milliards aux États-Unis, 15 milliards au Royaume-Uni et 10 milliards au Japon.

Environ 150 sociétés québécoises ont pignon sur rue en France ; 300 filiales françaises se sont implantées au Québec. Pour une histoire qui remonte à 1608, les résultats sont minces ! Certains pensent que la mentalité des entrepreneurs québécois correspond davantage à celle des *businessmen* américains et britanniques ou encore que l'immense potentiel du marché américain, pour ne citer que le succès des dépanneurs Couche-Tard et des pharmacies Jean Coutu, semble plus accessible à nos entrepreneurs.

Peut-être entretenons-nous tout simplement des préjugés tenaces selon lesquels mener des affaires en France tiendrait de l'héroïsme : « ponts » et vacances à n'en plus finir, semaines de 35 heures et moins, administration paperassière, grèves à répétition. À la lueur des chiffres répertoriés, ces clichés ne tiennent pas la route. Par sa productivité, ses relations ouvrières et son inventivité, l'économie française se compare à l'Amérique. Les Français aiment à dire qu'ils n'ont pas de pétrole, mais des idées.

Il ne faut pas se fier aux apparences : si les manifestations de rue sont plus nombreuses en France, c'est, parmi les pays industrialisés, le Québec qui accuse un des plus grands nombres de conflits de travail ; la durée de la semaine régulière de travail au Québec est passée de 39 à 35,6 heures entre 1976 et 2003, selon l'Institut de la statistique du Québec.

Les entrepreneurs français font des efforts pour se rapprocher de nous. L'organisme ERAI (Entreprise Rhône-Alpes International), par exemple, a pignon sur rue depuis quelques années à Montréal et offre à nos gens d'affaires des recherches de partenariat, des implantations de filiales québécoises, etc. Cet organisme représente une région historiquement peuplée d'entrepreneurs et un bassin de 11 millions de consommateurs de produits québécois. Lyon, merveilleuse ville située au confluent du Rhône et de la Saône, est la deuxième en importance en France.

Inutile de chercher le Français coiffé d'un béret, cigarette jaune aux lèvres et baguette sous le bras !

Longtemps, les politiciens français en visite nous ont servi de grandes tartines beurrées de « chers cousins d'Amérique », de « relations fraternelles ». Le fameux « cousinage » est terminé. Un Français qui viendrait saluer ses « chers cousins » au Canada passerait aujourd'hui pour le dernier des ploucs.

Comme il serait déplacé de notre part de traiter un immigrant français de « maudit Français », alors qu'il est maintenant béni, comme tout immigrant venu travailler chez nous et participant aux coûts d'une sécurité sociale insatiable.

Brigitte Bardot nous a rendu visite en mars 2006 : elle poursuivait sa croisade contre la chasse au phoque. Si elle a été reçue poliment par les médias québécois, le premier ministre du Canada, Stephen Harper, l'a ignorée comme une vulgaire rien du tout. Peut-il prétendre ne pas savoir qui est BB ? C'est possible, pour un anglophone puritain. Bardot l'a menacé de ne plus jamais remettre les pieds au Canada ; il lui aurait répondu : « Ah ! bon. »

Béni entre tous, le jeune Cristobal Huet est venu expressément de Paris pour garder les buts du Canadien et éviter à l'équipe un désastre annoncé. En plus, il parle un bon français, ce qui contraste avec tous les autres joueurs de l'équipe montréalaise, même ceux qui portent des noms francophones.

Une très grande majorité de Québécois étaient favorables à la position adoptée par Jacques Chirac dans la guerre en Irak ; l'attitude ferme des Québécois aura sans doute pesé sur la décision du gouvernement canadien de ne pas envoyer de troupes à Bagdad, alors que la pression de notre puissant voisin se faisait sentir.

Malgré les réactions négatives d'un certain milieu bien-pensant de Québec, l'ancien premier ministre français Alain Juppé peut bien venir professer à l'École nationale d'administration publique en toute quiétude : ses casseroles ne sont rien comparées à celles que traînent certains de nos politiciens. Alain Juppé est, pour plusieurs, l'homme politique français le plus intelligent de sa génération et, pour Jacques Chirac, « le meilleur d'entre nous ».

Les Québécois, avec leur amour du vin et leur intérêt pour la culture populaire française (le succès du calque québécois de l'émission de Thierry Ardisson, *Tout le monde en parle*, en sont d'excellentes preuves), peuvent chanter avec Joséphine Baker « J'ai deux amours, mon pays et Paris ».

LES 36 CORDES SENSIBLES

Dès qu'un comportement semble généralisé et assez exclusif aux Québécois, il devient une corde sensible. Prises séparément, elles ne sont peut-être pas exclusives à l'*homo consumens québecensis* mais, ensemble, elles le caractérisent nettement. La publicité, comme la politique, «est un art qui ne s'occupe que des moyennes», pour paraphraser Lawrence Durrell.

Nous ne tentons pas de prouver que les Québécois sont uniques au monde : comme tous les autres, ils expriment leur différence.

Une corde doit caractériser au moins 50 % des consommateurs québécois. Comme cette approche fait appel à l'intuition et à l'observation, elle ne prétend pas remporter le prochain prix Nobel des sciences, ni certifier l'exactitude des sondages, qui se réservent une mince marge d'erreur. Par contre, depuis 25 ans, on peut dire qu'elle a subi l'épreuve du temps.

Le jeu, pour le lecteur qui s'y adonne, consiste à faire sauter des cordes et, si possible, à les remplacer par d'autres, histoire de rester fidèle à l'arbre des 36 cordes. Fions-nous à l'axiome : « Ce qui disparaît revient presque toujours sous une autre forme. » Le lecteur est invité à exercer son jugement.

CORDE 1

LE BON SENS

Le bon sens que l'on prononce «bon sang», comme à l'époque de Louis XVI.

Balzac définit le bon sens comme «la solide intelligence des gens simples».

À la question: «Que veut dire pour vous l'expression: "Ç'a pas de bon sens?"», les quatre cohortes répondent:

Aînée-femme: «Ce n'est pas dans les habitudes, dans les normes.»

Boomer-homme: «Ce n'est pas mon point de vue ni celui de mon entourage.»

X-femme: «C'est contraire à la logique populaire.»

Y-homme: «Moi, je dis "Ç'a pas d'allure". Vous savez ce que c'est qu'un "sans-allure"?»

On a remarqué que l'expression «bon sens» émaille la conversation des Québécois. C'est une corde à laquelle les cohortes tiennent mordicus.

À la campagne, la nature fait toujours preuve d'un certain bon sens: les saisons se suivent inexorablement, chacune apportant son lot de travail, semailles, foins, récoltes, traditions, tel le départ pour la forêt au lendemain de la Toussaint. Même les animaux de la ferme suivent un rythme séculaire, et le briser n'aurait aucun bon sens, tant pour eux que pour leurs nourrisseurs.

En France, le Crédit agricole, né dans les campagnes, a voulu élargir sa présence aux grandes villes. Voici comment la campagne de publicité du rat des champs s'adressait au rat des villes: «RETROUVEZ LE BON SENS. À la campagne, les gens ont toujours eu du bon sens et ils ont créé le Crédit agricole à leur image. Aujourd'hui, les citoyens ont encore besoin d'air pur : le Crédit agricole leur apporte ses bonnes idées solides, sa clairvoyance, son expérience. »

La publicité, pour mieux frapper l'imagination, va souvent à l'encontre du bon sens : les savons et les détergents « qui lavent plus blanc que blanc », les aspirateurs miracles, les régimes qui font disparaître les poignées d'amour en criant ciseaux appartiennent au style de la publicité américaine.

Les politiciens, qui affrontent un électorat peu accommodant, ont tôt fait de recourir à des promesses qui n'ont pas de bon sens. Mais comme ils se réservent toujours le droit de changer d'opinion, leurs promesses n'engagent que ceux qui y croient. Ils font comme si ces promesses étaient fiables et, parfois, elles sont tenues. André Siegfried écrivait : « Il faut souvent changer de parti si l'on veut conserver les mêmes opinions[15]. » C'est plein de bon sens.

Yvon Deschamps est celui de nos humoristes qui, pour faire rire, recourt le plus souvent au gros bon sens et à tout ce qui s'y oppose. Il emprunte la vieille locution latine *Castigat ridendo mores* et « corrige nos mœurs en nous amusant » ; il expose le ridicule d'une situation et l'amplifie, soulevant l'hilarité des spectateurs qu'il conduit à la réflexion. À eux, ensuite, de porter le chapeau… s'il leur va. Comme Socrate, Yvon Deschamps fait de la maïeutique.

Corde à ne pas perdre.

---

15. André Siegfried. *Quelques maximes*, Paris, Jacques Hautmont, 1946.

CORDE 2
L'AMOUR DE LA NATURE

« Ils aiment la chasse, la navigation et les voyages », constatait déjà l'intendant Hocquart aux premiers temps de la colonie. Aujourd'hui, le Québécois répond à ses instincts de pêcheur breton et de coureur des bois.

Les héros classiques de notre littérature pratiquent souvent des métiers de la nature : draveurs, pêcheurs, chasseurs, cultivateurs.

Un pan entier du fameux scandale des commandites portait précisément sur notre passion pour la chasse et la pêche, le « grand air », les salons aux quatre coins de la province et les « soirées de rang » qui lui sont consacrées. Un procureur émit l'opinion que, dans cette affaire, « les poissons » n'étaient pas ceux qui frayaient dans les rivières. Si l'on ajoute ce scandale à celui du contrôle des armes à feu de nos chasseurs, un milliard de dollars perdu dans une toundra de mystères, voilà un atavisme qui nous coûte cher.

Un sociologue expliquait que notre manie de déménager (les Montréalais sont les champions du déménagement au Canada) était directement reliée au nomadisme de nos ancêtres, « ailleurs, là où la terre est neuve et plus cultivable ». Le 1er juillet 2005 (300 000 résidants de Montréal déménageaient ce jour-là), une dame interrogée à la radio avoua candidement qu'elle n'avait aucune raison sérieuse de déménager, sinon que « ses voisins étaient d'un ennui mortel » et qu'elle « voulait voir d'autres visages ».

Le jardinage est un autre aspect de cet amour de la nature et fait augmenter les ventes des horticulteurs de 14 % par an depuis les six dernières années.

Et si les rayons des libraires contiennent de nombreux ouvrages sur l'observation des oiseaux, les activités de plein air, la chasse et la pêche, la télévision n'est pas en reste; de nombreuses émissions sont consacrées à ces activités. On retrouve également en kiosque un grand nombre de publications sur le sujet.

Il existe au Québec une quarantaine de clubs d'ornithologues, en plus, notamment, de l'Union pour la réhabilitation des oiseaux de proie et de la Fédération de la faune. Savons-nous qu'il existe une association québécoise d'amateurs de perroquets?

Mais qui dit plein air dit déplacements. À cet effet, le caravaning se veut un des loisirs qui affiche une croissance appréciable au Québec: il serait pratiqué par 130 000 familles et pourrait devenir un des passe-temps favoris des premiers baby-boomers à leur retraite. Il existe même une Fédération québécoise du camping et du caravaning.

En outre, il y aurait plus de 2 500 000 animaux de compagnie au Québec. Selon l'Ordre des vétérinaires du Québec, il s'agit d'une augmentation de 30% depuis 20 ans; ces chiffres étonnants nous rapprochent de la moyenne des Canadiens anglais, dont on connaît l'affection pour leurs compagnons quadrupèdes.

Les animaux de compagnie: le Québec comparé au reste du Canada

	Chien	Chat	Aucun
Québec	23 %	26 %	54 %
Canada	30 %	28 %	47 %

Source: Léger Marketing

C'est une Québécoise qui fut la première à se rendre aux États-Unis, dans les années 1980, pour s'initier à une discipline que nos voisins appelaient «pet therapy»; elle a traduit son nom par «zoothérapie», un terme désormais en usage dans toute la francophonie. Les effets bénéfiques des animaux sur notre santé ne sont plus à prouver. De nombreux intervenants parcourent, le plus souvent à titre de bénévoles, les hôpitaux et les maisons de retraite du Québec avec leur chien, pour rendre visite à des gens isolés, handicapés, déficients, malades ou autres qui se réjouissent de s'amuser avec un ami à quatre pattes.

Ainsi, selon les sondages, 46,6 % d'entre nous offririons un cadeau de Noël à nos animaux de compagnie, comparé à 57,9 % chez les Ontariens. Comment, au Québec, expliquer ces chiffres sans y voir un lien avec la zoothérapie ? Se pourrait-il que nos nombreux célibataires, divorcés, chefs de famille monoparentale cherchent à combler un vide émotif auprès d'un animal toujours fidèle et affectueux ?

CORDE 3
LA SIMPLICITÉ

On entend par simplicité le caractère de ce qui n'est pas compliqué, qui n'a rien d'affecté ou de recherché ; il ne faut pas confondre avec naïveté ou crédulité. D'Alembert disait : « La simplicité est la suite ordinaire de l'élévation des sentiments. » Par « sentiments », on entend toute la noblesse de la terre.

Néanmoins, cette corde a bien failli sauter : deux de nos panélistes ne croient pas qu'elle touche 50 % de la population.

X-homme explique pourquoi : « Cette corde n'a plus sa raison d'être. Nous ne vivons plus au temps de nos grands-pères. Tout s'est compliqué depuis : la vie, l'amour, les relations avec les autres. La drogue, le sida, l'obésité, Bush ne sont que quelques-uns des fléaux qui nous compliquent la vie de tous les jours. C'était plus facile de vivre il y a cent ans. »

X-femme corrige : « Si votre lessiveuse se brise, cela vous complique la vie, pourtant il est plus facile de faire la lessive de nos jours qu'au temps de nos grands-mères. Si la simplicité s'applique à notre façon de vivre, là, croyez-moi, nous sommes plus simples que les Français. En France, on dit : "Pourquoi faire simple quand on peut faire compliqué ?" Si je compare notre façon d'appréhender la vie à celle des Français, la simplicité reste une de nos belles qualités. »

Les Québécois, selon tous les étrangers qui les visitent, sont simples et accueillants, c'est-à-dire peu compliqués et recevants. Un Français mettra longtemps à vous inviter chez lui, un geste qui à ses yeux n'est pas simple, puisqu'il touche son intimité.

Simplicité ne veut pas dire « simpliste » ou « épais », comme on se plaît souvent à caricaturer les hommes dans les publicités télévisuelles, pour ne pas parler du genre que se donnent trop de nos humoristes.

Trop de communicateurs se plaisent (se font plaisir) à compliquer leurs messages : « Si vous voulez dire qu'il pleut, écrivez simplement "Il pleut" », recommandait Balzac. À ce propos, l'une des phrases de Proust est remarquable de simplicité : « Longtemps, je me suis couché de bonne heure. »

Pour mieux comprendre cette corde, essayons de la contempler du point de vue d'un auteur passablement hermétique, Schopenhauer : « La simplicité a toujours été l'attribut non seulement de la vérité mais du génie même. Le style reçoit sa beauté de la pensée ; les pensées n'on pas besoin d'être embellies par le style. »

Beaucoup trop des messages publicitaires que l'on entend et regarde nous laissent pantois : ils nous mettent au défi de comprendre, abusent des derniers trucs techniques du métier, mais oublient de nous informer, de nous convaincre. On a beau chercher le début, le milieu et la fin du message, c'est peine perdue : le publicitaire a réussi à tout escamoter.

La simplicité est le secret de tous les grands communicateurs. Après avoir tâté de toutes les autres formules, ils y reviennent par instinct professionnel.

**Êtes-vous en accord ou en désaccord avec la phrase ci-dessous ?
« Vivre simplement est un gage de bonheur. »**

OUI	NON	Ne sait pas
78 %	20 %	2 %

Source : Léger Marketing, Sondage Omnibus 2006

LAISSEZ LIBRE COURS À VOTRE JUGEOTE !

• Notre facilité à tutoyer provient-elle de cette simplicité ? Nous voulons vite briser la distance.

CORDE 4
LA FIDÉLITÉ AU PATRIMOINE

La seule devise des Québécois, *Je me souviens*, devrait suffire à prouver leur attachement au patrimoine. Mais rien n'est moins sûr.

Interrogés sur le sens de leur devise, les Québécois se perdent en conjectures : ils ne savent pas au juste à quelle « souvenance » ils doivent se vouer. Ces trois mots célèbres sont attribuables à Eugène-Étienne Taché, alors architecte du Palais législatif de Québec (aujourd'hui l'Assemblée nationale) et sous-ministre des Terres de la Couronne, en 1883, qui souhaitait les faire graver au-dessus de la porte du parlement. La devise voulait rappeler « au souvenir d'un passé qui affirme la francité du Québec tout en témoignant de la gratitude à l'égard de la britannité de ses institutions qui auraient permis l'avènement de la démocratie, une certaine autonomie politique pour le Québec et l'épanouissement du Canada français[16]. » Avez-vous dit britannité ? Voilà une légende qui pourrait réhabiliter la « mémoire courte » d'un grand nombre de Québécois qui ne se souviennent de rien.

Depuis quelques années, les Québécois voyagent de plus en plus au Québec, dans une proportion qui atteint presque 75 % ; ils découvrent le « Bas-du-Fleuve » (la région du Bas-Saint-Laurent), la Gaspésie, les Îles-de-la-Madeleine, en se disant que tout cela vaut bien les plages bondées du Maine. Des auberges coquettes et des petits restaurants jalonnent les routes du Québec, dont certains affichent à l'ardoise tous les macaroni à la viande, ragoût de pattes et « bines » à l'ancienne qui composent

---

16. Jacques Rouillard. Département d'histoire, Université de Montréal. « L'énigme de la devise du Québec : à quels souvenirs fait-elle référence ? », *Bulletin d'histoire politique*, vol. 13, n° 2, hiver 2005, p. 127-145.

notre gastronomie régionale, mais aussi d'autres plats plus fins élaborés par une brigade de nouveaux chefs.

Le Vieux-Montréal et le Vieux-Port ont repris vie depuis une quinzaine d'années. Attrait touristique le plus populaire après le Casino de Montréal, le quartier reçoit annuellement des milliers de visiteurs, Québécois et touristes, venus y découvrir des siècles d'histoire ou simplement y prendre une bouffée d'air fluvial. Ce joyau de notre patrimoine mériterait une plus grande attention de la part de nos édiles : certains trottoirs sont dangereux, les chevaux des caléchiers « se laissent aller » un peu partout, certains parcs manquent d'arbres et de fleurs.

Autre aspect de la fidélité au patrimoine, dès les premiers souffles chauds du vent printanier, les Québécois envahissent les quelque 500 cabanes à sucre, et tant mieux s'il y a un « violoneux » et un accordéoniste qui tape du pied au rythme des chansons à répondre. Une ambiance conviviale et familiale remplace désormais les soirées de beuveries d'autrefois, quand les hommes se rassemblaient après une dure journée à exploiter l'érablière. De nos jours, on se rend à la cabane à sucre pour le sirop plus que pour le réduit[17]. Une vieille tradition entre dans la modernité, les cabanes à sucre s'annoncent sur la Toile du Québec. L'industrie érablière exporte près de 80 % de sa production principalement aux États-Unis, mais aussi dans 41 pays du monde. Pourtant, nos acériculteurs ne parviennent pas à écouler la production annuelle.

Les arts visuels et la littérature ne sont pas en reste : les personnages et l'histoire d'*Un Homme et son péché* ressuscitent après une longue carrière à la télévision pour faire un tabac dans nos cinémas ; *Le Survenant* est bel et bien survenu ; *Aurore, l'enfant martyre* a repris du service sur la pellicule après avoir fait l'objet de plusieurs romans, dont *Le drame d'Aurore*[18] du talentueux Yves Thériault ; la biographie de Louis Cyr[19] écrite par Paul Ohl a caracolé en tête des succès de librairie pendant plusieurs mois.

Notre passé nous intéressera toujours. Notre imaginaire collectif regorge de ces personnages croustillants, plus grands

17. Sève d'érable épaissie par évaporation, mais plus liquide que le sirop d'érable.
18. Yves Thériault (Benoît Tessier). *Le drame d'Aurore*, préface de Renald Bérubé, Montréal, Le Dernier havre, 2005, xvii, 224 p.
19. Paul Ohl. *Louis Cyr. Une épopée légendaire*, Saint-Laurent, Québec loisirs, 2005, 640 p. Édition originale : Montréal, Libre expression, 2005.

que nature, qui représentent pour nous ce que les dieux de l'Olympe représentaient pour les Grecs.

Il n'y a qu'un objet dit historique dont les Montréalais se passeraient bien volontiers, ce sont les élévateurs à grains du Vieux-Port, le silo numéro cinq, érigé au pied de la rue McGill, inimaginable amas de ferraille rouillée, de béton lézardé, qui bloque la vue des grandes activités portuaires.

Pour ce qui est de la religion, les bénédictions restent populaires au Québec. Sous Duplessis, la construction du moindre pont, ponceau, passerelle ou pontil donnait lieu à une cérémonie religieuse où accouraient curés, évêques, politiciens et entrepreneurs du Parti; la moindre parcelle d'une route secondaire nouvellement asphaltée voyait apparaître eau bénite et goupillon. On bénit toujours les nouvelles usines, les arénas, les centres sportifs au Québec. On y tient. Récemment, un club de motoneigistes des Laurentides comptant 300 membres a invité un religieux à bénir leurs engins. « Dieu nous a donné ces nouvelles inventions pour notre plus grand bonheur, pour célébrer notre camaraderie et les beautés de la nature. » Le lendemain, un journal local écrivait : « Maintenant que les Ski-Doo sont bénis, ils peuvent polluer, détruire des sentiers pédestres, blesser des skieurs de fond, empêcher les riverains de se reposer et de dormir (il existe des randonnées de groupe nocturnes), s'enfoncer dans le lac avec ses passagers ou s'arrêter net sur un arbre à 125 km/h, réduisant en bouillie homme et machine. À la grâce de Dieu. »

Il ne faut pas fouiller longtemps pour prouver notre attachement au passé. Prenons la Mi-Carême, une fête qui est toujours célébrée dans plusieurs régions du Québec, et en particulier sur la Côte-Nord et aux Îles-de-la-Madeleine. C'est une fête catholique aux allures païennes (costumes, perruques, danse, musique), mais qui n'a rien à voir avec l'Halloween.

Le Cercle des fermières du Québec vient de fêter ses 90 ans. Ses membres perpétuent une tradition de petits travaux manuels, tricots et broderies, mais les modèles dont ils s'inspirent sont aujourd'hui tirés dans Internet.

Alors que les Québécois ne s'inquiètent pas trop du sort de nos églises, le sort des 35 épisodes en couleurs des *Belles histoires des pays d'en haut* disparus des voûtes de Radio-Canada fait couler beaucoup d'encre. Au total, le téléroman de Claude-Henri Grignon comptait 495 épisodes, dont 95 en couleurs. Il n'en reste plus que 74. C'est bien peu pour les prochaines générations de téléspectateurs qui demanderont à voir cette série un jour ou l'autre. Donalda et Séraphin peuvent se consoler : du *Survenant*, il ne reste plus rien.

La musique traditionnelle, avec des groupes comme la Bottine souriante (dont le chanteur Yves Lambert, pour ne citer que lui, sait « faire du neuf avec du vieux »), Mes Aïeux, les Cowboys Fringants, Abbittibbi, La Volée d'Castors, a pris une nouvelle ampleur au Québec.

LAISSEZ LIBRE COURS À VOTRE JUGEOTE !

• On continue à publier des essais sur le patrimoine, des biographies de personnages historiques alors que notre histoire n'est pas si vieille…
• La généalogie est passée de science sociale à loisir, et même passion pour plusieurs Québécois.

CORDE 5

LA FINASSERIE

C'est le « finaud » de la fable, le paysan « malin et demi » à l'allure inoffensive. Rompu aux subtilités, il utilise la ruse pour arriver à ses fins. Nous avons tous un finasseur, pour ne pas dire un « finasseux », dans notre famille.

Le Québec est le « souk » du Canada : ici, on « barguine » sans état d'âme. Mieux, on « parlemente ».

Il y a bien des façons de finasser. « Au début de 2006, nous rappelle Baby-Boomer, notre sainte et pudique Société des Alcools (SAQ) a voulu nous faire prendre des vessies pour des lanternes en tentant de manipuler les prix avec les fournisseurs de vins français. La Société ne transigeait pas à la baisse, comme le veut l'abc de toute bonne négociation, mais à la hausse. Il s'agissait bien de finasser avec les pauvres clients que nous sommes pour augmenter les profits versés annuellement au gouvernement. Rien de malhonnête, puisque le gouvernement y trouve son profit. Ces intrigues sont particulières au Québec où l'on a fait de la finasserie un des beaux arts. »

Les grandes enquêtes publiques, comme autrefois la CECO, qui portait sur le scandale de la viande avariée, et, plus récemment, l'enquête sur les commandites d'Ottawa, illustrent bien notre penchant pour la finasserie. Ces joutes oratoires entre avocats et témoins suscitent autant d'intérêt que les innombrables festivals populaires dont nous sommes si friands. La diffusion de l'enquête Gomery a atteint des cotes d'écoute plus que respectables. Avocats et témoins sont devenus des vedettes du jour au lendemain. Les cachets des avocats se comparaient avantageusement à ceux des joueurs du Canadien. Nous avons toujours aimé les orateurs du style

Wilfrid Laurier et Lucien Bouchard; les débats où l'on attend que l'un des protagonistes glisse sur une peau de banane touchent de larges auditoires durant les campagnes électorales même les plus ternes. « La fortune vient en parlant », ce vieil adage américain brillait dans un petit cadre fleurdelisé suspendu au mur du bureau d'un ministre en fonction dans les années 1980.

Par ailleurs, un travailleur sur cinq invoquerait de fausses raisons pour sécher le travail, nous apprend la directrice du personnel d'une grande entreprise qui serait sur le point de publier un bouquin intitulé *Les 1001 petits mensonges imaginés par les employés pour ne pas se rendre au travail*. On peut s'attendre à une riposte en règle de la part des syndicats, à moins qu'ils ne préfèrent distribuer le livre à leurs membres.

En février dernier, des employés de la voirie de Montréal se sont retrouvés dans de beaux draps après le dévoilement d'un rapport démontrant que 10 d'entre eux avaient mis 90 heures à combler neuf nids-de-poule sous l'œil approbateur d'un chef d'équipe. Les ouvriers en cause s'étant vus menacés de congédiement par les autorités, leur syndicat a argué que « les artères de Montréal comptaient tellement de ces nids-de-poule qu'il ne fallait pas demander à 10 cols bleus de les combler tous en une seule journée ». Réponse sibylline, réponse de finassiers.

Finasser avec le percepteur des impôts n'est pas un défaut typiquement québécois. Pourtant, au Canada, nous sommes champions en la matière. Le fisc du Québec perdrait 2,5 milliards de dollars par an à cause de l'économie au noir. Ce qui équivaut à 2 % de notre économie. Selon le ministère des Finances, les secteurs les plus sensibles, ceux qui font le plus « d'oublis » dans leurs rapports d'impôt, sont la construction, la restauration, les services personnels, l'entretien de véhicules. Cela ne surprendra personne.

Déjà au début du XIXe siècle, un observateur étranger décrivait cette corde sensible: « On trouve chez les Canadiens français une subtilité d'esprit qui parfois se change, surtout dans le peuple, en ce que l'on pourrait appeler la roublardise. Le marchand, le cultivateur, soit dans leur commerce, soit dans quelque entente ou contrat, savent faire preuve d'une habileté qui s'apparente à la ruse et à l'astuce. Le paysan canadien est extrêmement madré. En d'autres circonstances, cette finesse d'esprit se traduit par une compréhension à demi-mot et une perception des nuances les plus délicates qui devient presque un art. C'est sans doute à cette disposition d'esprit qu'on peut encore attribuer ce talent avec lequel les orateurs politiques savent manier les mots pour manipuler l'auditoire, connaissant parfaitement ce qu'il faut dire ou faire suivant la composition de cet auditoire, suivant qu'ils veulent surexciter ses passions, le calmer ou le faire changer d'opinion. »

Comme il n'y a plus de chevaux pour se faire maquignon, on se précipite sur les « chars usagés » et autres « minounes » ayant souvent « appartenu à un médecin » ou « n'ayant connu qu'un seul propriétaire », souvent un chauffeur de taxi aux allures de trafiqueur d'odomètre, qu'importe, on peut « barguiner ». L'honneur et l'instinct sont saufs. Il se vend ou s'échange plus de voitures d'occasion d'un particulier à un autre au Québec que dans le reste du Canada, où l'on privilégie les grossistes et les concessionnaires. Du cheval aux chevaux-vapeur.

Certains observateurs attribuent à la finasserie le patronage politique, dont nous serions les champions, si l'on en croit les politiciens anglophones. Selon Guy Joron[20], les gros scandales comme ceux révélés par la commission Gomery ne seraient rien comparativement au gaspillage dénoncé au sein des ordres, où le moindre poste, le moindre permis est réservé aux « fins finauds ». Le patronage traditionnel demeure une entreprise locale. Il y a, en France, un scandale politique majeur tous les deux ans ; pourtant, c'est un homme politique, de Gaulle, que les Français viennent de désigner champion de tous les temps, avant Vercingétorix et Louis XIV. Ici, on a longtemps caché la statue de Maurice Duplessis dans un obscur entrepôt.

Que l'on retrouve des « fins finauds » parmi nos politiciennes et politiciens, sans doute. De là à ce qu'ils soient tous véreux, il n'y a qu'un pas. Les sondeurs les évaluent selon des critères inhumains tels que le degré d'honnêteté, d'impartialité, de sens civique et, pourquoi pas, de sainteté. Même le frère André ou mère Teresa n'obtiendraient pas un score très élevé.

En publicité, les consommateurs québécois n'aiment pas les obligations à l'américaine, du genre *Buy it now and save!* Ces

---

20. Guy Joron. *Salaire minimum annuel $1 million! ou la course à la folie*, Montréal, Éditions Quinze, 1976, 112 p.

exhortations ne laissent pas le temps de finasser mentalement avec l'annonceur et bloquent l'action recherchée.

Finasser avec le patron est un passe-temps en vogue. « Si un agent de surveillance du métro de Montréal a joué au hockey au lieu de patrouiller, c'est qu'il est le gardien de but de son équipe et que sa présence est indispensable », lisait-on dans un rapport du vérificateur général de la STM. On ne peut pas laisser un filet vide (corde 1 – Le bon sens et 31 – Le cartésianisme).

Le Québec obtiendrait le record canadien de l'absentéisme au travail : 10,8 jours de travail perdus annuellement par travailleur. On peut « finasser » longtemps avec le patron pour savoir si les absences sont évitables, inévitables, imprévues ou autres. Qui peut dire si vous êtes au lit avec une fièvre cara- binée ou en train de jouer au golf avec les copains ? Selon les statistiques, les femmes, avec ou sans enfant – on peut les absoudre… –, les travailleurs syndiqués et les fonctionnaires sont ceux qui, à tort ou à raison, finassent le plus pour s'en sortir avec une semaine de travail réduite.

« La finasserie est un mensonge en action », a si bien dit La Rochefoucauld.

Nous trouvons toujours au Québec des « concours de la meilleure menterie », où des centaines de candidats s'évertuent à confirmer que la parole a été donnée à l'homme pour déguiser sa pensée. Le succès de la série télévisée *Les Bougon*, d'ailleurs, témoigne de notre admiration pour les experts de la finasserie !

L'HABILETÉ MANUELLE

Rona, le géant pancanadien du commerce au détail d'articles en quincaillerie, doit son succès et celui de ses 550 magasins à une corde sensible qui n'est pas près de perdre sa fibre. On ne peut douter de la vision de son pdg, Robert Dutton, et il faut se réjouir des succès d'une entreprise de chez nous. Toutefois, il faut une armée de bricoleurs pour qu'une quincaillerie réalise 4 milliards de dollars de chiffre d'affaires par année, dont plus de la moitié au Québec. Et Rona n'est pas le seul quincaillier du voisinage.

Un passe-temps de «mononcles»? Que non! Couples d'étudiants et débutants sur le marché du travail, tous rénovent leur petit nid d'amour. C'est la mode. Les parents investissent temps et argent, puis prodiguent de nombreux conseils avant que ne soient entrepris des travaux qui souvent dépassent les estimations de ces néophytes. Mais le bonheur n'a pas de prix. On préfère acheter un loft ou un appartement moins cher, quitte à passer ses week-ends et ses vacances à rénover et à réaliser que les grandes quincailleries calculent en pouces et non en centimètres.

X-femme explique: «Mon conjoint et moi avons décidé de rénover notre petit appart. Ni lui ni moi n'avions la moindre expérience. Nous avons vite découvert que nous étions des bricoleurs naturels. Mon père était peintre en bâtiment et celui de mon conjoint, garagiste. C'est comme si leurs talents nous avaient été légués automatiquement. Réparer un robinet qui fuit, peindre une cuisine, refaire un balcon, tout ça est relativement facile. C'est dans nos gènes: nous savons quoi faire de nos dix doigts, comme si nos mains étaient des outils.»

Le système « D » nous vient tout naturellement de la racine terrienne ; l'homme de la terre réparait tout tant bien que mal, souvent « avec de la broche à foin » (d'où l'expression péjorative populaire), tripotait la mécanique de la faucheuse-lieuse et de la trayeuse, le dynamo du tracteur et le système de refroidissement de la vieille Chrysler du dimanche. Beaucoup de Québécois, pour qui trafiquer une « minoune » et en faire un « stock-car » gagnant sur les circuits de la Rive-Sud était un jeu d'enfant, se sont illustrés sur des pistes américaines avant d'applaudir, quelques années plus tard, leurs enfants. Il s'agit désormais d'un sport majeur nanti de bourses millionnaires. Mais nos héros du Indianapolis 500 ont toujours été négligés par les journalistes québécois.

De bricoleur à « patenteux », il n'y a qu'un pas. Certaines inventions québécoises sont légendaires : la motoneige de Bombardier, la tronçonneuse mécanique des Tanguay de Roberval, la chaîne de production des petits gâteaux Vachon, les comptoirs roulants des caisses enregistreuses des supermarchés Steinberg. Les machines nous passionnent ; tout ce qui est pétarade, tout ce que l'on peut démonter pour remonter, répond à cette corde. On voit de plus en plus de femmes dans les ateliers de mécanique.

Des émissions de télévision hebdomadaires célèbrent cette corde : *Ma maison Rona, Les Patenteux* et *La Cour à scrap*, cette dernière étant une émission américaine sous-titrée en « joual » authentique.

LAISSEZ LIBRE COURS À VOTRE JUGEOTE !

• Les kiosques à journaux regorgent de magazines de déco, de bricolage, de mécanique.

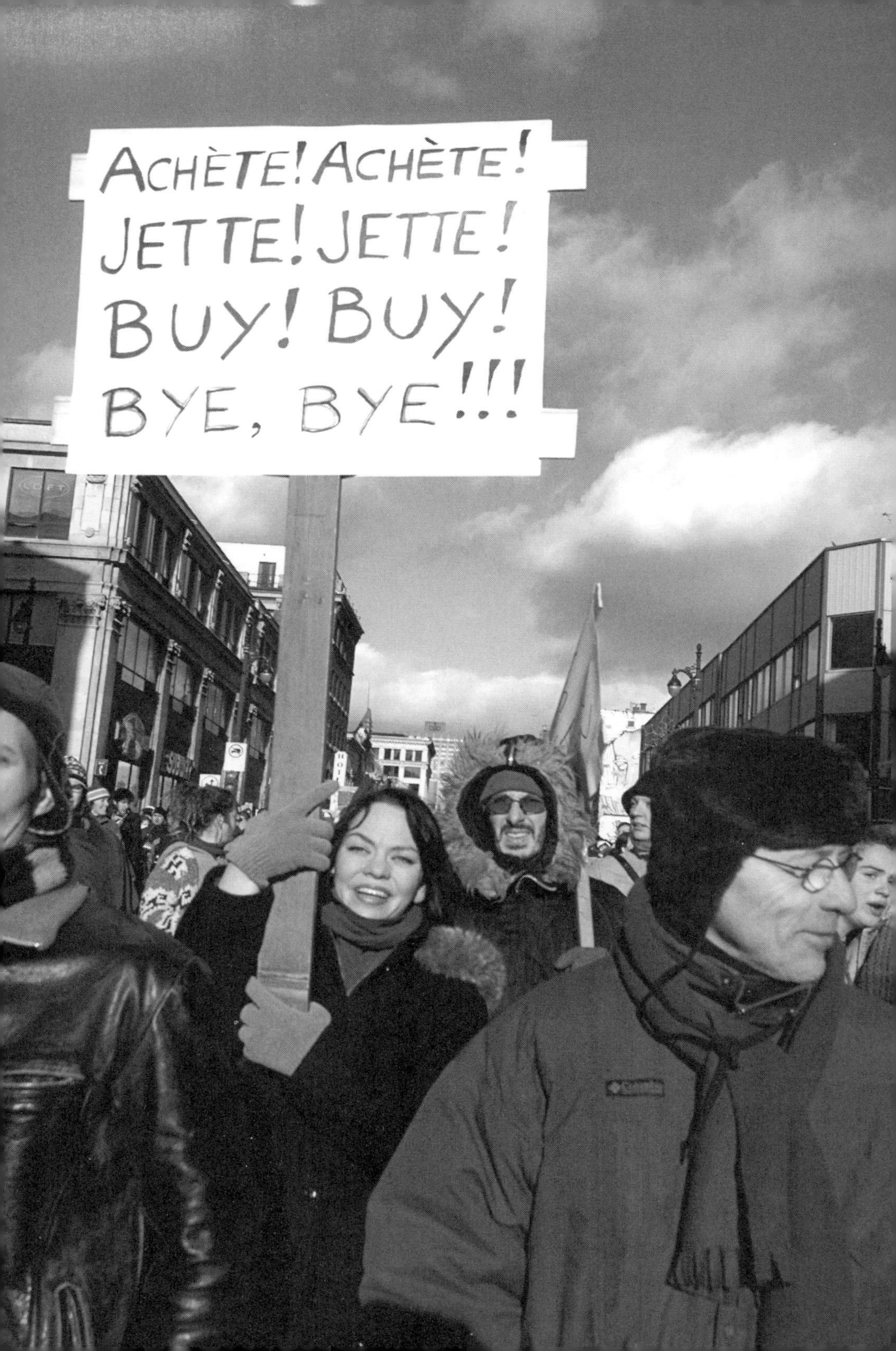
ACHÈTE! ACHÈTE!
JETTE! JETTE!
BUY! BUY!
BYE, BYE!!!

CORDE 7 – NOUVELLE CORDE
LE MERCANTILISME

S'il fallait faire la preuve par l'absurde du nouvel esprit mercantile qui règne au Québec, nous nous reporterions à l'affaire Norbourg, société de cabinets d'épargne collective qui fit couler beaucoup d'encre en août 2005. On se souvient que les actifs de cette nébuleuse furent gelés après la découverte d'un trou béant de 130 millions de dollars dans les livres comptables. Agiotage ? Malversation ? Détournement ? On ne savait pas. Des milliers d'épargnants étaient touchés, floués par l'affaire. Yves Michaud[21], qui veille aux intérêts des petits épargnants, émit des déclarations fracassantes, l'autorité des marchés financiers sortit de son mutisme habituel et la talentueuse chroniqueuse financière de *La Presse*, Sophie Cousineau, rédigea ses meilleurs papiers de l'année. Tout cela ne serait pas arrivé si ces économies étaient sagement restées dans leurs sacs de papier brun, cachés sous le matelas, ou dans les boîtes métalliques de tabac à rouler, enterrées sous l'escalier du bas-côté.

Bel et bien fini, le bas de laine.

Fini le paralysant antimercantilisme, une corde qui remonte loin dans notre histoire. Faisons maintenant comme c'est coutume au Québec, passons d'un excès à l'autre, obéissant en cela à notre fameux et inexorable principe du balancier : au milieu de sa course, il passe très vite. Ah ! Le juste milieu anglo-saxon.

---

21. Yves Michaud (1930-) est un homme politique et un journaliste québécois. Au Québec, il est surtout connu pour ses prises de position tranchées à propos de la défense du fait français. Il est aussi connu sous le pseudonyme de « Robin des banques », lui qui a réclamé des règlements de régie interne rendant les dirigeants de banque plus responsables envers les actionnaires minoritaires. (Source : Wikipédia)

On aurait cru que le grand coup de pétard de Norbourg aurait fait fuir les moineaux. Pensez-vous ? Un gestionnaire de fonds s'empressa de consoler les investisseurs : « Ne paniquons pas. Même si la disparition des 130 millions de dollars de Norbourg impressionne, ce n'est qu'une goutte d'eau dans la mer des 550 milliards de dollars d'actif sous gestion dans les fonds communs au Canada. » Dans ce monde, on parle en milliards ou l'on se fait discret. Et six mois après les scandales, l'Institut des fonds d'investissement du Canada révélait que les ventes nettes de fonds communs, en excluant les sommes réinvesties de l'ordre de 605 millions de dollars, avaient totalisé 4,9 milliards de dollars en février 2006 comparativement à 1,6 milliard de dollars pour le mois précédent. L'investissement le plus prisé par les Canadiens est le fonds équilibré.

Au même moment, l'Association canadienne des courtiers en valeurs mobilières indiquait que le bénéfice d'exploitation totale des sociétés qu'elle représente s'est établi à 4,3 milliards de dollars, un bond de 21 % par rapport aux profits records de 3,6 milliards de dollars enregistrés l'année précédente.

L'argent triomphe au Québec. Comme si nous avions entendu le fameux cri de Guizot dans la France du XIXe siècle : « Enrichissez-vous ! »

Boomer-homme explique : « Je n'hésiterais pas à remplacer la corde 8, "le bas de laine", par "le mercantilisme". Notre bas de laine est percé, c'est vrai, mais l'argent est devenu un mot-clé au Québec. Nous devons toujours cette corde à la racine minoritaire puisque, comme les juifs, nous pouvons dire "qu'avec de l'or, nous ne sommes minoritaires nulle part". Il faudrait obtenir des chiffres sur le nombre de "boursicoteurs" québécois : leur nombre pourrait nous surprendre, et ils se tirent bien d'affaire. »

On sait que les religieuses ont toujours mieux administré leur patrimoine que les religieux. Le Regroupement pour la responsabilité sociale des entreprises est principalement composé de communautés religieuses du Québec ; l'organisme n'hésite pas à jeter tout son poids dans la balance pour faire valoir son point de vue sur les sociétés dont il est actionnaire, comme Wal-Mart Stores.

Le puissant Mouvement Desjardins doit tout au bas de laine des Québécois : les Caisses populaires ont depuis longtemps quitté les sous-sols des églises pour prendre leur envol dans le monde des «êtres» et des «avoirs» de la haute finance. Desjardins détient des actifs de 118 milliards et compte 13 000 planificateurs financiers à son emploi. Chaque Québécois posséderait en moyenne 3 000 $ dans son compte bancaire. On doit sûrement au Mouvement Desjardins – et à sa montée en puissance au cours des trente dernières années – la disparition du bas de laine.

Les journaux multiplient les cahiers financiers, de nouveaux magazines apparaissent dans les kiosques, les stations de télévision renseignent régulièrement les auditeurs à l'affût de nouvelles financières, Quebecor a lancé avec succès sa chaîne spécialisée Argent qui ne traite que du «vulgaire métal» et de profits 24 heures par jour.

Comme les institutions religieuses menées par des femmes ont toujours été plus prospères que celles dirigées par des hommes, les Québécoises sont à un certain âge plus riches que les Québécois. Elles sont naturellement plus économes et, comme la plupart survivent à leur mari, elles héritent du patrimoine familial, quand elles n'héritent pas de veuves ou de cousines également veuves.

Dans les ménages de la génération X, 35 % des conjointes touchent un salaire plus élevé que celui de leur conjoint. Parmi les acheteurs d'automobiles neuves en 2004, 51 % étaient des femmes. Les constructeurs d'automobiles ont commencé à «féminiser» leur publicité, souvent maladroitement, et à allouer une part de leurs budgets publicitaires aux magazines féminins. Les Québécois sont-ils à l'aise avec l'argent? Comme Guizot en France, au XIXᵉ siècle, quelqu'un a crié: «Enrichissez-vous!» Les Québécois qui ont profité de la bulle des années 1990 ne sont pas rares.

La présence des francophones continue de s'accroître dans le secteur financier. Les sociétés d'État comme la SGF et Investissement Québec, le Fonds de solidarité de la FTQ et le Fondaction de la CSN jouent bien leur rôle. Le nombre d'entreprises détenues par des intérêts locaux est plus élevé au Québec qu'ailleurs au Canada.

Il en est pour critiquer les revenus de certains présidents de grandes sociétés dont les responsabilités sont souvent énormes. Boomer-homme fait jouer la corde du gros bon sens : « Pourquoi un joueur de hockey devrait-il gagner plus cher qu'un médecin qui a étudié pendant quinze ans, qu'un chercheur qui découvre un vaccin qui va sauver des milliers de vie ? José Théodore fait plus de quatre millions par année : pensez-vous que le gars qui dirige Hydro-Québec, la plus importante entreprise du Québec, en gagne autant ? Dix fois moins. Pourtant le numéro un d'Hydro dirige 20 020 employés et rapporte plus de un milliard de bons dollars au gouvernement, année après année ; il se fait varloper par Charest, les ministres de Charest, les groupes écologistes, les syndicats, les clients. Ses responsabilités sont énormes comparées à celles d'un gardien de but qui, gagne ou perd, touche toujours ses millions. C'est vrai que certains dirigeants de grosses multinationales ont l'air d'y aller un peu fort, mais là encore. Tiger Woods, grâce à ses bourses et commandites, gagne annuellement 100 millions de dollars US pour courir après une petite balle blanche et labourer de belles pelouses, et le basketteur Shaq O'Neil, vedette des Miami Heat, touche plus de 40 millions de dollars US pour lancer un ballon dans un petit cercle d'acier. Un autre basketteur, LeBrown James, 20 ans à peine, ne gagne, lui, que 39 millions de dollars US annuellement. Tout est relatif en ce bas monde. »

« Le total des financements par actions ordinaires a atteint 25,6 milliards de dollars au Canada en 2004, une hausse de 36 % par rapport à l'année précédente. L'émission d'actions de Petro-Canada (3,1 milliards) et celle de Telus (2,2 milliards) ont mené l'année vers un sommet historique qui surpasse le record datant de 1997[22]. »

Encore une fois, les femmes ont affirmé leur présence ; plus riches du salaire qu'elles gagnent quotidiennement, touchant des sommes qui vont de pair avec leurs responsabilités accrues dans l'entreprise ou la fonction publique, il n'est pas rare de les entendre parler de l'évolution des marchés et des titres comme si les arcanes de la Bourse n'avaient plus de secrets pour elles. Après avoir « féminisé » le marché des agents immobiliers à 70 % au cours des 30 dernières années, voilà qu'elles veulent répéter l'exploit dans le marché mobilier. Les chiffres jouent en leur faveur : elles formaient un cinquième des effectifs des maisons de courtages en 1994 ; aujourd'hui, elles en forment le tiers.

---

22. Source : ACCOV AM

«Curieux trait de la société distincte, les Québécois sont moins nombreux que les autres Canadiens à épargner dans un régime enregistré d'épargne retraite (REER)», nous informe Rudy Le Cours dans *La Presse Affaires* du 10 janvier 2006. Selon le chroniqueur, à peine 3 adultes québécois sur 5 ont un REER, comparativement à 2 sur 3 à l'échelle du Canada et plus de 7 sur 10 en Ontario.

Faut-il s'inquiéter de ces chiffres ?

Éloge de la richesse est le titre d'un intéressant essai que signe le journaliste Alain Dubuc[23]. L'auteur y décrit certains de nos comportements qui ont ralenti notre enrichissement collectif. Par exemple : «L'autre préjugé tenace lui aussi, mais combien plus primaire, c'est celui qui consiste à voir l'enrichissement d'un mauvais œil car il ferait nécessairement des victimes. S'il y a des gens plus riches, il y aura nécessairement, quelque part, une pauvreté plus marquée.»

On entend dire à foison que les riches s'enrichissent de plus en plus et que les pauvres s'appauvrissent davantage. C'est aussi vrai au Québec. Depuis la parution des premières *Cordes sensibles* en 1978, le nombre de millionnaires québécois a centuplé ; une bonne centaine de nos entreprises se sont internationalisées et affichent des résultats enviables. Pendant ce temps, les gouvernements ne parviennent pas à éliminer totalement la pauvreté de ceux qui sont dans la catégorie des moins nantis.

On peut se poser la question soulevée par Alain Dubuc : «Qu'est-ce qui est préférable : que tout le monde soit assez pauvre mais égal, ou plutôt que tout le monde soit plus riche, même si cela permet à certains d'être encore plus riches?»

LAISSEZ LIBRE COURS À VOTRE JUGEOTE !

• La Régie des rentes du Québec commencera en 2042 à puiser dans ses réserves pour payer les prestations alors qu'elles excéderont les cotisations et les revenus de placement.
• Où est placé l'argent des Québécois ?

---

23. Alain Dubuc. *Éloge de la richesse*, Montréal, Éditions des Voix parallèles, 2006, 336 p.

L'ENVIE

Dans sa forme la plus pernicieuse, l'envie, c'est l'ombrage que nous fait le succès d'autrui. Ce n'est pas vouloir posséder, mais vouloir voir l'autre perdre ce qu'il possède.

Critiquer les «toilettes» de Céline Dion et se moquer de «Rainé», c'est déjà pas joli, surtout quand les «critiqueux» n'ont jamais dépassé la station de radio locale d'où ils pérorent; s'attaquer au Cirque du Soleil sous prétexte qu'il n'est plus qu'un gros *business*, là, ça devient méchant de la part d'imprésarios qui peinent à gagner leur vie. Il faut être très riche pour médire de Céline Dion ou de Guy Laliberté, sinon, c'est de l'envie à bon marché.

Selon un porte-parole de Radio-Canada qui, comme les autres réseaux, a refusé de diffuser le gala des prix Gémeaux en 2005, «la raison est bien simple, ce gala est devenu celui de toutes les envies».

«Au Québec, explique Aîné-homme, si vous avez du succès, il ne faut surtout pas avoir de malchance. Si vous tombez, personne ne viendra vous ramasser. On parle en bien des nôtres qui réussissent, mais à la moindre défaillance, ils sont dépecés sur la place publique. Félix Leclerc, qui a dû s'expatrier en France avant d'être reconnu chez lui, met Ti-Jean en garde dans sa chanson : "Le plaisir de l'un, c'est de voir l'autre se casser le cou-ou-ou!" Pourquoi une comédienne aussi talentueuse que Marie-Josée Croze préfère travailler en Europe qu'au Québec? Elle le dit elle-même : "Pour éviter la jalousie du milieu." Et Lara Fabian, qu'on ne cesse de critiquer, a-t-elle trop de talent et de classe pour nos petites rockeuses? Notre cupidité est sans bornes, et c'est bien le plus vilain défaut des Québécois.»

Que l'envie vienne perturber notre colonie artistique, on ferme les yeux, c'est du grand art, mais que ce vilain défaut – encore pis que de se ronger les ongles – coure les couloirs des ministères provinciaux, atteigne les chaires des universités, n'épargne ni les centrales syndicales ni les chambres de commerce, là, il faut bien le reconnaître, nous en sommes tous frappés.

Ce défaut ancestral va-t-il nous ligoter encore longtemps?

Il ne remonte pas à hier. Le pamphlétaire Arthur Buis écrivait il y a deux siècles: « Les Canadiens français se mangent entre eux et ont l'habitude de se décrier dans les livres, les journaux, les discours et les conversations. » Plus tôt, Vattier avait écrit: « Ils aiment aussi à se critiquer les uns les autres; l'envie, la jalousie et la médisance existent bel et bien au Canada. »

L'envie est promue et systématisée par une caste bien spéciale: les demi-succès. Ils sont envieux de tous les « qui », ceux « qui » ont réussi. « Qui » a bureau et adjointe administrative au 12e étage de l'entreprise; « qui » crée des campagnes de publicité à succès; « qui » a la cote d'écoute de 20 heures; « qui » est Cosgrove ou Pelland, « qui » est Péladeau, Desmarais ou Coutu.

Ces demi-succès envieux des « qui » qui ont réussi forment une caste détestable. Il faut avoir dirigé une agence de publicité pendant 30 ans pour affirmer que le monde de la publicité ne vit pas sans ses « qui ». Le gala annuel du Publicité-Club de Montréal couronne les meilleures campagnes des agences, celles des « qui » qui ont réussi mais qui font rarement l'unanimité.

Ça fait mauvais genre.

Nous aurions tout intérêt à méditer sur le conseil de Woody Allen: « Dans votre ascension professionnelle, soyez toujours gentils avec ceux que vous dépassez en montant. Vous pourriez les retrouver au même endroit en descendant et ils ne vous épargneront pas. »

Si vous avez un quelconque succès dans votre carrière, si grâce à vos efforts vous réussissez à mettre quelques dollars de côté, si vous jouissez d'un brin d'influence dans votre milieu, surtout ne le dites à personne; parlez plutôt de vos dettes, de vos déboires en affaires et en amour, de votre santé chancelante, et plus personne ne vous enviera. Pour vivre heureux, vivons cachés.

Doit-on inclure dans cette abominable corde la passe d'armes dont furent témoins des Québécois stupéfiés entre Centraide, la Croix-Rouge et Partenaire Santé, les joyaux de nos organismes caritatifs? Un certain monopole de Centraide, qui prélève exclusivement les dons des employés de l'État à même leur salaire, fut mis en cause. Gros bon sens ou envie? Chacun envie les pauvres de l'autre, soit, mais les enflures verbales qui s'ensuivirent manquaient pour le moins de dignité. À tel point que notre premier ministre, homme stoïque par ailleurs, se fâcha net. Nom d'un chien!

En publicité, quand on peut étaler les succès du voisin, vanter sa nouvelle voiture, sa piscine, sa tondeuse motorisée, on touche une corde très sensible.

Envieux ou jaloux, nous risquons d'être paresseux, fainéants et bien incapables de fournir le moindre effort pour dépasser l'objet de notre passion. Par exemple, prenons les juifs: jalousés, ostracisés pendant toute leur histoire, ils ont toujours fait preuve de courage. Ils ont les études et la recherche de l'excellence en haute estime, ils aiment se mettre en valeur dès qu'ils possèdent un certain vernis professionnel. Sur les ondes des chaînes de télévision américaines, ce sont presque toujours des professeurs ou professionnels juifs qui viennent donner leur opinion. Faut-il les jalouser ou tenter de les imiter?

Selon Durkheim[24], on naît envieux et, en général, on devient jaloux par suite de circonstance. On peut être envieux d'une foule de gens, tandis que l'on n'est jaloux que de ceux dont la condition se rapproche de la nôtre. Des proches, comme nos frères, sœurs, collègues de travail et amis, sont les premiers touchés, mais l'envie n'est pas un défaut facile à confier à un sondeur.

---

24. Sociologue français, né en 1858 dans une famille juive pratiquante et mort en 1917, Émile Durkheim est considéré comme le fondateur de la sociologie moderne pour avoir réussi à associer la théorie et la recherche empirique. Influencé par le positivisme, il énonça la spécificité du fait social, indépendance du groupe par rapport aux hommes qui le composent, et considéra les faits moraux comme sociaux. Ses cours et ses écrits traitent de la solidarité sociale, du suicide, du fait moral et religieux, des méthodes pédagogiques.

Vous arrive-t-il d'envier la chance ou le bonheur…

de vos proches ?	21 %
de vos amis ?	22 %
de vos collègues ?	19 %
de quelqu'un d'autre ?	18 %
Non, je n'envie la chance ou le bonheur de personne	61 %

Source : Léger Marketing

CORDE 9 – NOUVELLE CORDE
LA TOLÉRANCE

Encore une fois, nous allons passer d'un excès à l'autre : de l'étroitesse d'esprit (ancienne corde 10) à la tolérance. Aurions-nous réalisé, à force de détester notre condition de minoritaires, que la tolérance envers les autres nous enrichissait en plus de nous permettre de nous débarrasser de nos œillères ?

Aînée-femme s'inquiète : « Ma mère m'a dit que j'avais été conçue à la noirceur. Aujourd'hui, ma petite-fille, qui a treize ans, porte des jeans coupés si bas qu'ils laissent voir son nombril et son string. Je ne suis pas une grand-mère arriérée et je n'ai jamais été moi-même une sainte-nitouche, mais comme tout semble permis aux jeunes adolescentes, je m'inquiète pour l'amour. Est-ce que ça va encore exister dans dix ou quinze ans, l'amour ? »

On voit de tout sur Internet : sodomie, bestialité, échangisme, à tel point que le divin marquis de Sade passerait pour un enfant de chœur.

Par exemple, selon un récent sondage, la tolérance envers les clubs échangistes est de 49 % au Canada comparativement à 75 % au Québec. Ce qui ne veut pas dire que nous sommes plus échangistes, mais plus tolérants.

Si la tolérance est une belle qualité individuelle, elle l'est davantage si elle s'applique à la société tout entière. Elle signifie être capable de supporter avec indulgence, voire avec patience, ce qui pourrait être contraire à nos sentiments, à notre façon de voir et de penser. Mais n'en faisons pas une vertu théologale, même si elle provient de la racine catholique.

Cependant, il y a un hic. Cette corde remplace notre fameuse corde de « l'esprit moutonnier ».

Nous avons toujours été tolérants envers les sectes, même les plus originales; il en existe des centaines au Québec qui vont du mage libidineux et échangiste au prophète qui entend des voix.

Nous sommes devenus plus tolérants à l'égard des immigrants, des étrangers. Certes, nous voulons des immigrants ou nous n'en voulons pas. Si oui, il faut accepter leurs différences, accepter la pluralité. L'État prône «l'accommodement raisonnable»: pour garantir l'égalité de tous, le législateur doit s'adapter aux demandes des minorités si leurs requêtes ne causent pas de tort indu à la société.

Alors que la religion catholique est aux abonnés absents, que les églises sont désertes, d'autres signes ostentatoires de la religion – voiles islamiques, turbans, kirpans, kippas – sont de plus en plus visibles dans les écoles, les supermarchés et le métro. L'Église catholique fait preuve de tolérance; les milieux laïques ne se manifestent pas. Si bien que la Commission des droits de la personne et de la jeunesse se demande s'il lui revient de déterminer ce qu'est la laïcité québécoise ou si cela ne relève pas plutôt de la responsabilité collective.

Que cette tolérance ait remplacé notre xénophobie, nous devons nous en réjouir. Selon des sondages récents, 78 % de l'ensemble des Québécois pensent que, d'une manière ou d'une autre, la présence d'immigrants agrémente leur ville et enrichit leur culture. Il s'agit d'un revirement très prononcé par rapport aux statistiques d'il y a trente ans. Notre dernière immigrante en titre, Karla Homolka, n'a pas voulu retourner dans sa province natale après sa libération, estimant que le Québec se montrerait plus accueillant envers elle. Un sondage devait lui donner raison: 70 % des Canadiens ne croyaient pas à la sincérité des regrets de Karla, contre seulement 50 % au Québec.

X-femme dit: «J'aime bien me mêler aux immigrants: certains nous racontent des vies fabuleuses. Mais, parce qu'il y a un mais, pouvons-nous insister pour que les immigrants qui peuvent porter tous les signes identitaires de leurs religions au Québec soient également tolérants à l'égard de leur nouvelle patrie et apprennent le français? La langue deviendrait un commun dénominateur, un lien entre tout ce beau monde. Une grande majorité des immigrants qui ont choisi le Québec veulent apprendre le français, encore faudrait-il leur faciliter la tâche, ce qui, semble-t-il, n'est pas toujours facile. »

Notre panéliste aurait pu citer cette belle phrase du Grec Isocrate : « On appelle Hellènes ceux qui participent à la culture de la cité et partagent une expérience commune, plutôt que ceux qui ont les mêmes origines que nous. » Ce qui se traduirait de la façon suivante : « Est Québécois quiconque vit au Québec. »

Les Québécois, selon les sondages, seraient prêts à élire un premier ministre gay, une femme, un Noir, mais pas un Québécois anglophone bilingue. Même pas le juge Gomery ? Les préjugés ont la vie dure.

Par ailleurs, les Québécois sont les plus tolérants des Canadiens à l'égard de leur politique : nous sommes prêts à pardonner les affaires de mœurs, la conduite en état d'ébriété, enfin, à peu près tout, sauf les pots-de-vin et les conflits d'intérêts, où nous rejoignons la moyenne nationale.

Y-homme, par exemple, est un fervent péquiste, mais ses critiques envers son parti peuvent être virulentes.

La tolérance peut vite devenir du fatalisme, de l'apathie, voire de la passivité, de la résignation.

Cette tolérance engendre notre haine des grèves, parce que nous associons les grévistes à des paresseux : nous ne nous rangeons pas de leur côté sans en avoir été. En guise d'exemple, moins de 50 % de la population appuyait la dernière grève des étudiants en 2005, ce que savait fort bien le gouvernement.

Nous supportons les stupidités des gouvernements, les mœurs des jeunes ados – réactions banalisées de la société –, les étrangers, les émissions des hâbleurs de la radio, les clubs échangistes. On nous fait avaler des couleuvres ; on a bon dos.

Quant aux Français, ils n'acceptent rien. C'est un peu la démocratie de la rue : deux mille trois cents démonstrations en France illustrent le principe selon lequel « la roue qui grince reçoit toute la graisse ».

Malgré l'arrivée de cette nouvelle corde de la tolérance – que les membres des ligues de bonnes mœurs se rassurent –, il n'y aura pas plus de « maisons de tolérance » qu'il n'en existe maintenant.

Il faut apprendre à rouspéter.

Les lettres que publient les journaux sont tolérantes. Nos intellectuels sont trop tolérants. En tant que parents, nous sommes trop tolérants.

Nous sommes devenus consensuels. Le scepticisme ambiant de notre corde 19 ne va pas corriger la situation.

Les humoristes sont plus tolérants que les caricaturistes : ils s'attaquent plus rarement à nos vrais problèmes de société. Peut-être pensent-ils, avec raison, que leur public est là pour rire et non pour philosopher.

Dans sa chronique du *Devoir* (28 mai 2005), Denise Bombardier parle de lassitude : « Il existe une expression qui s'applique parfaitement à l'état d'esprit actuel : "avoir quelqu'un à l'usure". » La chroniqueuse avance que nous avons tellement connu d'événements spectaculaires depuis quelques mois que nous en avons perdu le sens de l'étonnement. « L'usure émotionnelle qui nous plonge dans une lassitude souvent débilitante est un guet-apens quotidien dans notre monde de libre circulation de l'information. »

Sommes-nous devenus trop tolérants ou avons-nous perdu ce que Erich Fromm appelait « la capacité de nous émouvoir spontanément » ?

À part quelques exceptions, les journalistes ont de plus en plus tendance à adopter les positions de la majorité de leurs lecteurs ou auditeurs.

Pour terminer sur une note positive, au Québec, le harcèlement sexuel au travail est légiféré et passible de sanctions (perte d'emploi, amende, etc.). En ce qui concerne le harcèlement psychologique en milieu de travail, le Québec fait figure de pionnier.

Alors que la planète se réchauffe, le tempérament des Québécois semble se refroidir. « Le Québec, y compris Montréal, est la province canadienne la moins violente », nous révélait le Centre canadien de la statistique juridique à la fin de 2005. Québec et Montréal, les grandes agglomérations les plus sûres au pays, sont loin de s'approcher des statistiques bouleversantes de Halifax et d'Edmonton, bien que, dans l'ensemble du Canada, la population carcérale diminue de 5 % chaque année depuis six ans. Les « Boulé » de village, ces fiers-à-bras qui faisaient trembler toute la population, n'existent plus ; il est rare désormais de voir deux automobilistes descendre de leurs voitures pour se tabasser. Quelques sacres, deux trois noms d'oiseaux! Même les policiers sont de moins en moins violents: la venue de nombreuses femmes dans les corps policiers depuis une dizaine d'années y est pour quelque chose.

Les sacres, si chers aux Québécois, ont fait l'objet de nombreux essais de la part de sociologues qui les considéraient comme le prolongement naturel de la violence des Québécois. On ne sacre plus beaucoup au Québec. Ceux qui pratiquent encore le blasphème passent pour des plouks et, d'ailleurs, ils ne sacrent pas bien. Dans le temps, tous les objets du culte passaient à tabac: d'un mot on faisait un verbe, «crisser une claque», un adverbe, «elle est crissement belle», un superlatif, «belle en hostie», un supersuperlatif, «belle en hostie de câlice de tabarnac». Tous ces mots font partie de notre patrimoine au même titre que nos plus beaux objets du culte.

Autrefois, sacrer conférait une certaine supériorité au sacreur, enfreindre l'interdit pouvait lui donnait confiance. Aujourd'hui plus instruit, plus évolué, l'homme québécois voit dans ces blasphèmes un signe de retard mental et de quétainerie. L'homme d'ici assume beaucoup mieux qu'autrefois la part de féminité qui est en lui. Moins macho, moins matamore, il regarde les femmes envahir les chantiers de construction, conduire des poids lourds; elles ne s'interrogent pas sur la nouvelle place qu'elles occupent dans des milieux masculins.

Autre exemple: les experts affirment que la violence conjugale a fortement diminué depuis trente ans. L'Institut de la statistique du Québec, dans un communiqué daté du 16 juin 2005, précise qu'il y a eu en 2004, au Québec, seulement 473 cas d'agressions graves contre la personne, tous types confondus. Jamais notre société n'a été si peu violente. Dans un éditorial de *La Presse* du 7 avril 2006, Mario Roy s'inquiète de la brutalité d'une nouvelle publicité du gouvernement contre la violence conjugale, publicité dans laquelle l'homme serait le seul coupable… De vives réactions ont suivi la parution de cet éditorial.

LAISSEZ LIBRE COURS À VOTRE JUGEOTE!

• Montréal, centre mondial du cybersexe?
• Permissivité des éducateurs et des représentants de l'autorité.
• Attitude de l'autruche.

LE MATRIARCAT

« Cette corde m'ennuie franchement, écrit X-femme. Nous attachons trop d'importance à la différence entre les hommes et les femmes au Québec. La différence des sexes n'a jamais préoccupé les philosophes et les gens sérieux. »

Justement, parlons-en.

La Québécoise serait-elle « la femme forte de l'Évangile » ?

« Femmes fortes, écrivait Franquet[25] il y a plus de deux siècles, souvent plus instruites que les hommes, elles l'emportent sur eux pour l'esprit et elles en ont toutes beaucoup. Elles sont même d'une façon générale plus intelligentes que leurs maris. Elles contrôlent les naissances tant pour la consanguinité que pour le nombre de bouches à nourrir. »

Georges Vattier[26], à peu près à la même époque, renchérissait : « Où l'intelligence des Canadiennes [françaises] apparaît encore, c'est bien dans leur esprit pratique, leur aptitude aux affaires : elles sont bien des descendantes des Normandes dont on connaît la capacité en ce qui concerne les questions d'argent et les contestations légales. Les gens de la campagne n'entreprennent et ne concluent rien de quelque conséquence sans leur avis et leur approbation. Beaucoup de femmes de négociants gouvernent les affaires de leur mari. »

---

25. Louis Franquet (1697-1768). Né à Condé le 10 juin 1697, il fut envoyé à Louisbourg en 1750. En 1754, il est nommé directeur des fortifications de la Nouvelle-France. On le fait prisonnier à la prise de Louisbourg, le 26 juillet 1758. Il rentre en France au cours de la même année. Il meurt en 1768. Le manuscrit des observations quotidiennes écrites lors de ses voyages aux îles Royale et St-Jean, en 1751, et au Canada, en 1752, fait partie des archives de la guerre à Paris.

26. Georges Vattier, *Essai sur la mentalité canadienne-française*, Paris, Librairie ancienne Honoré Champion, 1928, 384 p.

Malgré toutes les louanges qui n'ont cessé d'inonder les Québécoises depuis ces écrits anciens, beaucoup d'entre elles, lors de nos tables rondes, ont souhaité faire sauter cette corde. Pourtant, elle n'a rien de péjoratif et ne peut être prise à la lettre. Une jeune femme, lors d'une conférence, suggéra avec esprit de la changer pour « martyrologue » et de la dédier aux hommes...

Boomer-homme tient à la garder mordicus et en justifie la raison : « C'est une corde un peu humoristique, disons, mais pas méchante pour deux sous. Elle célèbre certaines des plus belles qualités des Québécoises. Si je ne pouvais compter sur ma compagne pour organiser les sorties, les vacances, les réunions familiales, les petits soupers en ville, avec les heures que je fais au bureau, je n'aurais pas beaucoup de loisirs. Elle aime tout organiser. Dois-je m'en plaindre ? »

Le Canada est au 7e rang mondial en matière d'égalité des sexes, selon le Forum économique mondial ; la Suède est en tête, l'Égypte occupe la queue du peloton. L'accessibilité au marché du travail et la parité salariale restent deux éléments négatifs à corriger : trop d'hommes croient encore que la carrière des femmes est limitée par les enfants ou la famille. Au cours des 25 dernières années, les Québécoises ont déclenché une deuxième Révolution tranquille. Si autrefois elles ont sauvé la colonie grâce à la revanche des berceaux, aujourd'hui, elles sont en train d'assurer la revanche des cerveaux. Ce n'est pas rien.

Les statistiques sont formelles et les faits parlent d'eux-mêmes :

1- La présence des femmes sur le marché du travail n'a cessé de croître, passant de 37,4 % à 54,6 %, de 1976 à 2003.

2- Sur le plan de la scolarisation, les femmes constituent maintenant la majorité de l'effectif des niveaux secondaire, collégial et universitaire : de 1986 à 2002, le nombre d'inscriptions dans les universités québécoises est passé de 68 000 à 92 000 chez les filles, alors qu'il restait stable chez les garçons. L'effectif féminin des universités aurait atteint 60 % en 2005 et serait majoritaire dans la plupart des facultés, y compris celles dites « masculines », comme les sciences de l'administration et l'architecture.

3- Parmi les jeunes couples de 25 à 35 ans où les deux partenaires travaillent, 35 % des femmes gagnent plus que leur conjoint.

4- L'espérance de vie souligne aussi la tendance… À 65 ans, les hommes peuvent espérer vivre encore 16 ans et les femmes, 20 ans. En 1980, c'était 74 ans pour la femme et 68 ans pour l'homme.

5- Elles détiendraient jusqu'à deux tiers du patrimoine monétaire québécois.

6- Il y a 170 000 femmes de plus que d'hommes au Québec (Statistique Canada, 2001). Il s'agit en grande partie de femmes âgées, puisque leur espérance de vie dépasse celle des hommes de plus ou moins cinq ans.

7- Il y a plus de femmes internautes au Québec que d'hommes, 56 % contre 44 %.

8- C'est une femme, Françoise Bertrand, qui dirige les destinées de la Chambre de commerce du Montréal métropolitain. Diane Bérard est la rédactrice en chef de la revue *Commerce*.

On ne s'étonnera pas que beaucoup d'hommes québécois réclament à leur tour l'égalité des sexes à grands cris.

Philippe Garigue[27] concède que « les Québécoises jouent un rôle plus actif que les hommes au sein de la parenté ; ce rôle, en plus de celui qu'elles exercent en tant qu'épouses et mères, leur confère une grande influence et leur permet d'assurer la continuité du groupe parental en tant que tel… Tous les informateurs des deux sexes affirmèrent que ce sont les femmes qui agissent à titre d'agent de liaison entre les divers niveaux de parenté ».

« Les femmes sont plus que dentelle et falbalas », nous mettent en garde Lisa Johnson et Andrea Learned dans leur essai *Don't Think Pink; What Really Makes Women Buy – and How to Increase Your Share of This Crucial Market*[28]. Les auteures de ce livre, commenté par Françoise Perreault dans *Infopresse*

---

27. Philippe Garigue (1913-), pionnier de la politique familiale au Québec. Dès les années 1950, ce politicologue s'intéresse à la vie familiale des Canadiens français et à leurs systèmes de parenté. Philippe Garigue, qui a mené une longue carrière comme chercheur en sciences sociales, mérite aussi d'être reconnu pour son activité littéraire.

28. Lisa Johnson et Andrea Learned. *Don't Think Pink; What Really Makes Women Buy – and How to Increase Your Share of This Crucial Market*, New York, Amacom, 2004, 230 p.

(avril 2005), nous préviennent que « pour intéresser les femmes à un produit, il ne suffit pas d'ajouter du rose, des fleurs et des papillons sur l'emballage ». Certaines publicités négligent les femmes modernes et s'adressent encore aux « ménagères » des années 1970 ; non seulement les femmes ont conservé leur pouvoir décisionnel sur les achats, mais leur pouvoir est en constante croissance. Une autre erreur commise par les agences publicitaires « est de les voir comme un groupe homogène auquel on peut s'adresser uniformément ». Célibataires, mères célibataires, épouses avec ou sans enfants, divorcées remariées, femmes au travail ou au foyer, il est de plus en plus difficile de transposer leur réalité dans une publicité. Les auteures nous conseillent de rechercher de communs dénominateurs : « Elles sont dotées d'un sens aigu de l'observation et de la découverte, elles ont des valeurs morales très fortes et bâtissent des réseaux où elles échangent de l'information. »

Il y a 25 ans, les « femmes au foyer » restaient l'objectif ultime des publicitaires : les sondeurs leur concédaient 73 % du pouvoir décisionnel sur les achats de biens et de services nécessaires au bon fonctionnement de la cellule familiale. Elles formaient un auditoire homogène, « captif » pour ainsi dire, et son influence sur les dépenses du foyer était déjà acquise. Aujourd'hui, il ne resterait plus au Québec que 25 % de ces ménagères conventionnelles.

Depuis la préhistoire, l'homme chassait et la femme entretenait le feu : les Québécoises, plus rapidement que n'importe où au monde, semble-t-il, ont tout chambardé. Le rôle du père pourvoyeur et celui de la mère responsable de la bonne marche de la maisonnée et de l'éducation des enfants sont mis en cause. Désormais, la femme, la consommatrice, devient une cible fuyante pour les publicitaires : il leur faut parler de familles recomposées ; de mères au travail ; de couples non mariés ; de mères célibataires ; de couples lesbiens, parfois mariés, parfois avec enfants.

Dans un ouvrage récent, *Échecs et mâles*[29], le journaliste Mathieu-Robert Sauvé affirme que « les hommes québécois manquent de modèles qui les aideraient à sortir de leur torpeur. Nos héros, du marquis de Montcalm à Jacques Parizeau, sont

---

29. Mathieu-Robert Sauvé. *Échecs et mâles*, Montréal, Les Éditions des Intouchables, 2005, 316 p.

des *losers* auxquels personne ne veut s'identifier. «À la télé-vision, l'homme est toujours plus ou moins bien dans sa peau, plus ou moins malhonnête, *crosseur*. *Les Bougon* présentent une caricature d'homme.» Vu sous cet angle, saint Joseph, dont le nom sert de deuxième prénom à des générations de Québécois, n'était peut-être pas le modèle d'un époux très entreprenant.

Cré Basile, la première émission à atteindre le million d'auditeurs au Québec dans les années 1960, mettait en scène un personnage simpliste, disqualifié en partant (incarné par Olivier Guimond), mais qui finissait toujours par triompher de ses contempteurs.

On relie une certaine «féminisation» des jeunes Québécois à leur tendance au décrochage scolaire et à la toxicomanie, à l'éducation prodiguée dans les écoles mixtes, à l'absence du père ou, encore, de professeurs masculins durant leur croissance. Pourtant, rien ne serait plus difficile à défendre que cette théorie.

Y-femme, divorcée avec un enfant, a recomposé une famille avec un homme et ses deux filles; elle n'est pas emballée par la journée annuelle de la Femme: «Au Québec, à mon avis, il serait temps de célébrer la Journée de l'égalité des sexes, ce qui me semble plus représentatif de la situation des femmes d'aujourd'hui. Ça ferait innovateur et constituerait en même temps un message positif et requinquant pour les hommes. Ça ferait du bien à l'amour et au bonheur entre les deux sexes. Il faut que les femmes continuent leur croisade pour l'égalité dans plusieurs pays du monde où leur condition frôle l'esclavagisme, l'obscurantisme religieux, le machisme. Nous devons rester solidaires avec elles et les aider de tous nos moyens. Les vieilles féministes du Québec qui ont l'âge de ma grand-mère ont fait leur part: leur discours ne concerne pas notre génération et ne reflète pas la réalité. Ce n'est plus nécessaire de détester les hommes pour être féministe.»

Qui porte le pantalon ?

	Québec	Le reste du Canada
Les hommes doivent être les maîtres du foyer	14 %	37 %

Source: Léger Marketing

CORDE 11

LE POTINAGE

Au Québec, tout finit par se savoir : les roches parlent, les murs ont des oreilles.

La commère du village n'est pas morte ; elle a déménagé ses pénates en ville, sur le Plateau Mont-Royal…

« Si le Français enseigne toujours quelque chose à d'autres, écrit Marcel Rioux, le Québécois, lui, a toujours quelque chose à raconter à d'autres, non pour lui enseigner quoi que ce soit, mais pour faire rire, pour confirmer des solidarité de groupe. Au Québec, il n'y a rien qui ne se raconte. »

Le journaliste Jean-Pierre Richard ajoute : « La jasette est une forme de communication qui allie simplicité, précision, bonhomie, humour et recherche de la vérité. »

En 2005, l'affaire Jeff Fillion, dans laquelle Sophie Chiasson s'oppose à l'animateur de la station CHOI-FM, vient conforter cette corde. Il s'est agi du *mémérage* élevé au rang des beaux-arts, du *placotage* porté à son paroxysme. Tout se trouve dans le panier à linge sale de la famille. Être assigné en justice pour commérage, voilà qui n'est pas banal. Pauvre Jeff ! Il passera à l'histoire.

« On est six millions, faut s'parler, on est six millions de proches parents… », proclamait une campagne de publicité des années 1970. Si nous sommes tous parents, aussi bien savoir ce qui se passe dans une famille qui, bien qu'élargie, s'avère être tricotée aussi serré que la nôtre.

Le plus puissant des médiums de masse au Québec fut longtemps la corde à linge, une corde qui permettait d'étendre le linge propre et, sans en avoir l'air, de salir quelques réputations.Le bouche à oreille a toujours été très fort dans notre société verbeuse.

L'oral l'a toujours emporté chez nous. Nous aimons raconter, et ce, non sans un certain talent. Il existe un événement à Montréal qui porte le joli nom de Festival de conte De Bouche à Oreille où des raconteurs de talent comme Éric Michaux, Lucie Bisson, Marc Roberge montent un spectacle multimédia en faisant revivre *La chasse-galerie*, *Rose Latulipe*, *La Sainte-Catherine et ses vieilles filles*, *La Corriveau*.

Et voilà que, soudain, une invention qui n'existait pas il y a trente ans va décupler la portée de la corde à linge : le téléphone portable. Au Canada, les Québécois seraient les champions incontestés de l'utilisation du téléphone portable.

Ajoutez à cela le Web, et le tam-tam de la tribu va faire des miracles pour des centaines de fabricants et détaillants. Par exemple, les sondages démontrent que les premiers facteurs d'influence dans le choix d'une marque d'automobile sont, avant la publicité, « l'opinion des proches et des parents » et « ce que l'on dit de la marque dans le grand public ». Pourtant, les grands constructeurs d'automobiles n'investissent pas moins de 500 $ en publicité média pour chaque voiture écoulée au Québec.

« Parler de presque rien sur presque tout », disait Jean d'Ormesson[30], est un passe-temps bien de chez nous.

Une des émissions les plus populaires du petit écran porte un titre symptomatique de la corde 11 : *Tout le monde en parle*. Elle nous rappelle une émission tout aussi populaire des années 1980, *Parle, parle, jase, jase* avec le génial Réal Giguère. Animateur sans prétention, il possédait l'art de faire parler ses invités, qualité rare chez les interviewers professionnels qui, corde oblige, parlent toujours plus que leurs invités.

Friands de journaux à potins et des chroniques *people* « pour tout savoir sur tout le monde », notre milieu donne facilement dans la fausse rumeur qui amoche une réputation en moins de deux ou fait dégringoler les ventes sans préavis.

Il ne faudrait pas oublier l'importance des potins dans l'édification d'une des plus grosses fortunes québécoises, la fortune de Pierre Péladeau et de Quebecor. Qui se souviendra de *Nouvelles et potins*, un de ses hebdos à cancans, qui atteignit

---

30. Jean d'Ormesson, surnommé Jean d'O, de son vrai nom Jean Bruno Wladimir François-de-Paule Lefèvre d'Ormesson, né le 16 juin 1925 à Paris (VIIe arrondissement), est un romancier et un chroniqueur français.

des tirages records dans les années 60. Péladeau a su exploiter avec un flair rare l'engouement des Québécois pour la colonie artistique.

Et si les journalistes de la presse populaire manquent de potins, ils peuvent toujours s'adresser à notre Michèle Richard, cette icône québécoise au demeurant bourrée de talent, pour alimenter la filière de révélations portant sur les accusations de conduite en état d'ébriété portées contre elle, sur un nouvel amant ou les problèmes de santé de son chien.

En politique, le *whisper campaign*, ces petites phrases assassines prononcées au sujet d'un candidat, équivaut souvent à un arrêt de mort. Mitterrand, qui cacha pendant des années l'existence d'une fille issue d'une liaison extraconjugale, l'avait bien compris. En France, on raconte aussi l'histoire d'un président de la République qui fut pris d'une violente crise cardiaque *en faisant la chose* à une jeune personne dans sa résidence de l'Élysée. On fit venir en hâte son médecin personnel. Ce dernier s'informa, auprès d'un domestique qui gardait la porte, si la « compagne » du président était toujours présente. « Non, professeur, répondit le valet. Elle vient de quitter les lieux par une porte dérobée. »

Dans son *Livre des sacres et des blasphèmes québécois*, Gilles Charest[31] prétend que « le sacre, dans sa dimension specta-culaire, s'apparent[e] davantage à un sport *oral* qu'à un outil linguistique » tant il est vrai que l'on sacre à tout propos plus par habitude que pour insulter les objets du culte. Sacrer à la télévision ne choque plus, sauf que, désormais, le coupable passe pour un mal élevé et un demeuré.

Nous ne cessons de répéter que les Américains sont deve-nus riches en se mêlant de leurs affaires, tout en nous mêlant des affaires de tout le monde. Selon le lieu géographique, nous jasons, mémérons, placotons, jaspinons, bavassons ou portons les paquets.

Boomer-homme déteste le commérage : « J'ai deux ou trois amis dont j'apprécie la conversation. J'avoue qu'en vieillissant, c'est un plaisir que j'aime de plus en plus et qui ne coûte pas cher. Je ne parle pas de placoter ou de mémérer. On parle de sport, de politique, des événements internationaux, des films

---

31. Gilles Charest. *Livre des sacres et des blasphèmes québécois*, vol. 2, coll. « Connaissance des pays québécois », Montréal, Éditions de l'Aurore, 1974, 123 p.

ou des spectacles que l'on a vus. Rien pour nous casser la tête, juste ce qu'il faut pour bien passer le temps avec des gens qui aiment causer, mais aussi écouter. »

Nos médias n'échappent pas à la règle : ils sont cancaniers. Et pessimistes par nature. Des événements récents comme le procès de Mom Boucher, l'affaire Guy Cloutier ou celle des commandites du gouvernement fédéral n'obtiendraient pas dans les médias européens la moitié de la couverture dont ils ont joui chez nous. Mais ces événements intéressaient le bon peuple, pourrait-on objecter. Une question se pose : Nos médias nous ressemblent-ils, ou est-ce nous qui leur ressemblons ?

Les journalistes français prétendent que nos journalistes de la presse écrite aiment « s'étendre sur le sujet », en mettre jusqu'à plus possible. Les rédacteurs français écrivent-ils plus succinctement que les Québécois ? C'est à voir. Il est vrai que certains de nos commentateurs à la radio ou à la télévision sont connus pour leurs diarrhées verbales ; ce sont des gérants d'estrade sans pareil qui savent exactement pourquoi Jacques Villeneuve a des ratés, pourquoi les Canadiens ne remportent plus la coupe Stanley. Ils savent tout. Aux Jeux olympiques d'hiver de Turin, un commentateur (très connu) a mis pas moins de dix minutes à décrire les lunettes d'un skieur alors que les concurrents dévalaient la piste. Lise Bissonnette, ancienne journaliste devenue Gardienne du Temple, aime à citer un certain Béraud : « Ah ! ce métier [de journaliste] où l'on passe la moitié de sa vie à parler de ce que l'on ne connaît pas et l'autre moitié à taire ce que l'on sait. »

On devrait méditer ce vieux proverbe : *En bouche close n'entre mouche.*

Le potinage mène-t-il au mensonge ? Selon une récente enquête de Léger Marketing, nous serions un peu moins menteurs que la moyenne des Canadiens quand il s'agit de protéger quelqu'un d'autre, et un peu plus quand il s'agit de se protéger soi-même.

C'est un Anglais, Winston Churchill, qui a dit : « La vérité est une chose trop précieuse pour ne pas la protéger par le mensonge. »

Vous ai-je déjà menti?

	Québécois	Québécoises
Je mens, mais pour protéger les autres	35 %	43 %
Je mens pour me protéger moi-même	33 %	28 %

Source : Léger Marketing

SOLDE FINAL
JUSQU'À
70%
de rabais
CERTAINS MODÈLES
SOLDE FINAL
SOLDE FINAL
JUSQU'À
70%

CORDE 12
LA SURCONSOMMATION

Sophocle disait : « La vie la plus agréable est celle qui se passe sans aucune espèce de sagesse. »

Nous sommes habitués à vivre dans l'abondance, et personne ne nous a jamais dit qu'il s'agissait d'une mauvaise habitude.

Les Québécois restent de bons consommateurs qui diffèrent plus ou moins des autres Canadiens dans leur façon de se loger, de se vêtir, de manger et de se véhiculer.

Si l'on a cru que la mondialisation allait uniformiser tous les peuples de la terre, détrompons-nous : les consommateurs francophones ont continué de se distinguer de leurs compatriotes anglophones. Déjà, en 1978, dans *Les 36 cordes sensibles*, on pouvait noter que les francophones, comparativement aux anglophones, travaillaient une heure de moins par jour, regardaient une heure de plus de télévision, dormaient trente minutes de plus et pratiquaient des sports deux heures de moins par semaine. Un sondage récent de Léger Marketing nous apprend que ces différences sont restées les mêmes, à quelques minutes près.

Selon le même sondeur, nous passerions 6,3 heures par semaine sur Internet (pour des besoins personnels) contre 7,1 dans le reste du Canada. Les achats en ligne traînent la patte au Québec comparativement au reste du Canada et aux États-Unis : il faut noter que nulle part au monde les achats en ligne estimés il y a 5 ou 10 ans ne se sont réalisés. « Les Québécois, écrit Éric Lacroix dans le magazine *AMPQ* de septembre 2005, accordent une plus grande confiance à leurs institutions bancaires qu'aux détaillants en ligne. De façon historique, les achats à distance sont plus populaires chez les Anglo-Saxons. Il y a chez les Québécois une réticence culturelle à surmonter, car pour acheter ils ont besoin de toucher, d'essayer. » Le directeur des enquêtes de CEFRIO-Léger Marketing note que pour les livres ou les billets d'avion, produits qui ne nécessitent pas de manipulation, la tendance à acheter en ligne est beaucoup plus élevée.

Par ailleurs, nous consacrerions environ 9 heures pour visiter nos parents et amis contre 12 heures chez les anglophones.

Sommes-nous différents?

1- Dépenses de cadeaux de Noël. Moyenne canadienne, 640 $ par personne, québécoise, 423 $.

2- Partout dans le monde, Coca-Cola dépasse Pepsi Cola, sauf au Québec. Parts de marché au Québec : Pepsi, 54,7 %, Coke, 24,1 %.

3- Partout dans le monde, la margarine est jaune ; au Québec, elle est blanche. Au Canada, on consomme 1,43 kg de beurre par habitant par année : au Québec, 1,97 et 1,22 en Ontario.

4- La tolérance envers les clubs échangistes est de 49 % pour tout le Canada et de 75 % au Québec. Ce qui ne signifie pas que nous sommes plus échangistes, mais bien que nous sommes plus tolérants.

5- Les Québécois sont les premiers acheteurs de voitures compactes et sous-compactes au Canada : 69 % contre 46 % en Ontario.

6- Les Québécois sont les plus grands consommateurs de calmants au Canada : 69 % contre 31 % pour l'Ontario. Notons que les Québécois sont de plus grands consommateurs de café, tandis que les Canadiens anglophones préfèrent le thé.

7- La moyenne annuelle des dons de charité se chiffre à 6 922 616 $ au Canada et à 680 272 $ au Québec.

8- Nous sommes les plus grands consommateurs d'eau douce au monde : 41 litres par personne par jour.

9- Notons que les Québécois sont les citoyens les plus taxés et les plus bureaucratisés en Amérique du Nord et que leur gouvernement est le seul qui impose une taxe spéciale pour alimenter un fonds de lutte contre la pauvreté.

10- Les Québécois sont de loin les plus grands consommateurs d'huile d'olive au Canada.

11- Ils sont les premiers consommateurs de yaourts au pays.

Cela ne signifie pas que le marché québécois est différent. Il se rétrécit comme peau de chagrin. Il ne forme plus que le quart de la population canadienne, contre un tiers il y a cinquante ans. Mao a dit : « La force, c'est le nombre. »

Des études ont démontré que les enfants devenaient perméables à la publicité dès l'âge de trois ans : il n'est pas rare de les entendre ânonner les slogans publicitaires du jour.

La publicité crée-t-elle de faux besoins ? Enlevez toute publicité et nous continuerons de consommer.

Nous avons besoin de manger, de nous abriter, de nous vêtir et – besoin moderne né de l'étalement urbain – de nous déplacer en voiture ou en transports en commun. Il serait difficile de vivre en faisant abstraction de tels besoins. Le juste équilibre entre les quatre s'avère difficile à maintenir pour un ménage sur deux qui dépense plus qu'il ne gagne.

Les Québécois sont plus endettés qu'il y a 25 ans. Les taux d'intérêt ont beaucoup baissé, par exemple le taux d'escompte, qui à l'époque s'élevait à 13,96 %, se situe maintenant aux environs de 4,31 %. On peut presque tout louer ce qui nous permet tout. Les constructeurs et les concessionnaires d'automobiles rivalisent de « générosité » pour afficher le plus de zéros dans leurs annonces : 0 dépôt de sécurité, 0 première mensualité, 0 acompte, 0 % sur le financement. Ces messages publicitaires se ressemblent à un point tel qu'ils s'annulent les uns les autres, mais entretiennent l'idée qu'il est relativement facile de se procurer une voiture.

Y-homme semble avoir succombé aux zéros de la publicité : « J'ai une automobile trop chère pour mes moyens, mais je la loue. Autrement, je vis seul dans un tout petit appartement qui ne me coûte presque rien. De ce côté-là, ça va, car j'aime mieux faire une randonnée en voiture que de regarder la télévision chez moi. Je mange souvent au restaurant, dans les comptoirs à salades et les restaurants asiatiques. Je m'habille proprement, sans plus. Quelques petits cadeaux à ma blonde, quelques cinémas et il ne me reste plus rien. Je n'ai pas de dettes, mais ma bagnole me prend tout. Je pourrai commencer à économiser dès ma prochaine augmentation, en mars. »

Les Québécois entretiennent-ils toujours une relation d'amour avec leur voiture?

C'est bien connu des publicitaires : on ne s'achète pas une voiture uniquement pour se déplacer ; on l'achète aussi pour mille raisons d'ordre psychologique. Le besoin de se valoriser n'est pas le moindre ; le prestige que donne une grosse cylindrée lance un message à ceux qui nous voient passer dans ce « carrosse ». Autrefois, les curés se promenaient tous en Oldsmobile, les médecins, en Cadillac noire et les gangsters en Cadillac blanche. Sous Duplessis, un seul petit numéro (entre 1 et 1000) inscrit sur la plaque d'immatriculation, témoignait de votre haut rang dans la hiérarchie politique : aucun agent de la police provinciale n'aurait osé verbaliser, même si vous écrasiez la veuve ou l'orphelin.

Il semble que, depuis, les Québécois se soient assagis.

L'automobile, devenue, par la force des choses, un de nos quatre besoins primaires, avec manger, s'abriter et se vêtir, reste un produit intéressant pour qui veut fouiller la psyché québécoise.

L'industrie de l'automobile est le plus gros annonceur au Québec : les constructeurs y investissent 200 millions de dollars par année, sans compter les budgets des concessionnaires et des vendeurs de voitures d'occasion. Les constructeurs investissent en moyenne 500 $ en publicité pour vendre une voiture.

Le parc automobile québécois comprend 3,5 millions de véhicules, automobiles et camions légers, nombre qui, en moyenne, augmente de 2 % par année. C'est le deuxième marché en importance au Canada. En 2000, 78,3 % des ménages québécois possédaient un véhicule acheté ou loué ; 31 % en possédaient deux ou plus ; 21,7 % n'en possédaient pas.

Notez que 99,8 % des ménages américains possèdent au moins une voiture et 78 % en possèdent deux.

Dans ce domaine comme dans tant d'autres, les Québécois affichent leurs différences :

1- Ils sont les plus importants acheteurs de voitures compactes au Canada.

2- Ils préfèrent les voitures importées, surtout japonaises, aux américaines. La Mazda 3, la Honda Civic et la Toyota Echo sont en tête. C'est la seule province où les voitures importées dominent au palmarès des ventes.

3- Ils louent davantage de véhicules que dans le reste du Canada.

Les experts, comme la firme Desrosiers Automotive, et les chroniqueurs automobiles se grattent la tête : Les Québécois seraient-ils devenus raisonnables, économes, écologiques ? Éric Lefrançois de *La Presse* avance que cette virevolte est probablement causée par l'effritement de notre classe moyenne, la baisse du revenu familial moyen et la hausse du prix de l'essence.

Il est vrai que la structure des familles de la classe moyenne a beaucoup évolué en quelques années, que le prix de l'essence a plus que doublé en 25 ans et que le PIB du Québec est inférieur de 21 % à celui de l'Ontario.

La cohorte des jeunes « aînés » reste attachée aux grosses américaines de luxe, un secteur en légère augmentation au Québec depuis 5 ans.

Les boomers, encore une fois, créent la confusion en se répartissant entre les américaines de luxe, les gros 4 x 4 américains et les intermédiaires japonaises. La cohorte des X, menée par les femmes qui cherchent moins à épater la galerie dans le choix de leur voiture, se tourne vers la compacte ou le petit VUS. Quant à la cohorte des Y, si l'on se fie aux types de véhicules dénombrés dans les stationnements des universités et des cégeps, elle se déplace en compactes et sous-compactes d'occasion d'au plus 5 ans, tout comme le font les jeunes travailleurs de cette même cohorte qui en sont à leur premier emploi.

Les retraités ont tendance à se restreindre à une seule voiture, alors que les jeunes couples dont les deux conjoints travaillent possèdent deux voitures. Les fourgonnettes se raréfient et se retrouvent principalement dans les quartiers habités par les juifs hassidiques. Les voitures hybrides ne décollent que lentement, malgré quelques sursauts dans les générations X et Y.

La question de plusieurs milliards de dollars que se posent les constructeurs : Quel style de voiture adopteront les baby-boomers dans 10 ans, alors qu'ils seront devenus papy et mamie boomers? Le pouvoir gris pourrait alors imposer ses diktats aux constructeurs, comme ils l'ont fait plus tôt pour les fourgonnettes, les VUS et les importées. En marketing, c'est le nombre qui compte.

Le Québec comptait 11 % d'obèses en 1944, 16 % en 2003. Les campagnes des nutritionnistes font chou blanc devant la publicité des fabricants et marchands de produits alimentaires qui investissent environ 180 millions de dollars par an au Québec. On sait que manger n'est pas un acte rationnel; les publicitaires exploiteront d'abord l'aspect du goût pour ensuite utiliser quatre autres sens: ils nous feront toucher les croissants tout droit sortis du four, observer les œufs tournés, écouter le grésillement du bacon dans la poêle, humer le café. On sait que l'obésité est liée à une foule de maladies qui coûteront des milliards à la société. Les publicitaires, qui n'ont jamais pris les consommateurs pour des idiots, savent qu'ils peuvent toujours compter sur «le petit creux» du consommateur qui vit dans un pays de surconsommation où les chaînes de restauration rapide ont poussé comme des champignons depuis 25 ans. Les publicitaires pourraient-ils, à l'aide de campagnes appropriées, nous convaincre de modifier nos habitudes alimentaires? Sans doute, mais il faudrait investir autant que les fabricants et marchands de bouffe, soit 180 millions de dollars. La prévention n'est pas un sujet que les gouvernements prennent au sérieux.

Ce sont les boomers qui ont le plus influencé nos comportements au cours des 25 dernières années. Leur première caractéristique: le nombre.

Par exemple, les étudiants, des Y, ont eu beau manifester dans les rues en mars 2005, le ministre restait de marbre devant leurs protestations, sachant qu'ils n'avaient pas de leur côté le facteur déterminant, le nombre. Les choses se passaient plus radicalement à l'époque des jeunes boomers. Mao a dit: «La force, c'est le nombre», observation du grand timonier dont on ne peut que constater la justesse à l'heure où la Chine se réveille enfin. La consommation est influencée par bien des facteurs: l'âge, le revenu, les habitudes, les aspirations, etc. L'automobile illustre bien ces différences. Les aînés sont restés fidèles aux américaines classiques, les baby-boomers roulent en super 4 x 4, les X, en compactes et les Y, en voitures d'occasion âgées de 3 à 5 ans, en règle générale. On peut s'étonner de cette vogue des VUS auprès des baby-boomers. Les gros VUS et les 4 x 4 ronflants en sont un bon exemple.

Qui a besoin de ces mastodontes pour se rendre au bureau et en revenir ? Et si, dans leur imagination, ils partaient chaque jour pour un safari en Afrique saharienne ? Cette image de grand explorateur se paie : c'est aussi l'image d'un super-consommateur. On peut s'acheter une voiture pour des besoins qui ne sont pas qu'élémentaires : on peut vouloir rechercher ou confirmer son statut social, imiter le voisin par envie, décupler sa virilité, épater les passants. Nos achats n'obéissent pas toujours à la logique, et cela, nous le savons tous.

On accuse la publicité de jouer sur nos besoins d'ordre psychologique, toutefois, toujours dans le domaine de l'auto-mobile, un sondage mené par Desrosiers Automotive nous apprend que la pub ne représente qu'un faible tiers des facteurs d'influence auprès des acheteurs d'automobiles neuves ; la recommandation d'un ami qui possède la voiture que nous convoitons, les chroniqueurs spécialisés et ce que répand « la rumeur de la ville » au sujet d'une marque donnée stimulent tout autant le futur acheteur. De son côté, l'industrie de l'auto-mobile, le plus important annonceur du Québec, continue d'investir environ 500 $ dans la publicité de chaque voiture neuve en vente dans ses 930 succursales québécoises[32].

Maigre consolation : en matière de surconsommation, les Américains nous dépassent souvent. En 2002, 78 % des ménages québécois possédaient une automobile, comparé à 99,8 % chez nos voisins.

Les ventes par Internet progressent, mais demeurent marginales. Il faudra sans doute attendre que la cohorte des Y arrive à maturité pour que se développe la cyberconsom-mation. En 2004, aux États-Unis, 6 % des ventes au détail ont été réalisées sur le Web. Il faut préciser que seulement 7 % des entreprises canadiennes pratiquent le commerce électronique.

Une des révélations de ces *Nouvelles cordes* est le comporte-ment des acheteurs d'automobiles québécois qui, au cours des dix dernières années, ont effectué un véritable virage en épingle à cheveux. Représentant 50 % de la population, ils sont devenus les plus gros acheteurs canadiens de voitures compactes et

---

32. Source : Site Internet de la CCAQ, Corporation des concessionnaires d'automo-biles du Québec.

sous-compactes, souvent asiatiques, comparé à 30 % au Canada et à 15 % aux États-Unis Comme l'automobile est devenue un quatrième besoin primaire, ce *nouveau comportement* mérite que l'on s'y arrête. S'agit-il, pour les automobilistes québécois, d'une soudaine prise de conscience écologique ? Ce serait trop beau pour être vrai. On a aussi invoqué des raisons économiques, mais elles ne tiennent pas la route. Les Québécois ont toujours surdépensé pour leur précieuse bagnole, faisant ainsi la fortune des barons de l'automobile. À une époque, il y avait, à Chicoutimi, plus de Cadillac par habitant que dans n'importe quelle autre ville canadienne.

Il existe une troisième hypothèse, la plus plausible. Ce changement subit de comportement serait attribuable aux femmes des cohortes baby-boomer et X. Notons qu'un automobiliste sur deux est une femme. On se souviendra que, dans les années 1970, les humoristes parlaient « des petites secrétaires » qui roulaient déjà dans « de petites voitures ». Cette tendance aura tout simplement pris de l'ampleur. Les femmes, en règle générale, achètent leur voiture d'une façon plus rationnelle que les hommes ; leur voiture, fiable et économique, doit les mener du point A au point B. Les hommes, en s'achetant une voiture, s'achètent une personnalité, une appartenance à une classe sociale, une puissance sexuelle, un besoin d'épater et mille autres choses aussi irrationnelles les unes que les autres. Par exemple, en se rendant au bureau dans leur gros 4 x 4, ils jouent les aventuriers aux prises avec les mystérieux canyons des grands édifices du centre-ville.

Ainsi, encore une fois, les femmes comprises dans la fourchette des 40-55 ans ont pesé de tout leur poids sur le marché de l'automobile et réussi à remodeler un comportement atavique.

Laissez libre cours à votre jugeote !

• Pour consommer autant, il faut travailler très fort, gagner beaucoup d'argent ou emprunter à tout bout de champ.
• La manie d'acheter.
• Trop n'est jamais assez.
• S'endetter pour une maison est souvent une façon d'épargner.

Contrairement à l'ensemble du Canada, les Québécois affectionnent les petites voitures japonaises

Propriétaires	Américaines	Européennes	Asiatiques
Québec	43 %	8 %	43 %
Ontario	59 %	10 %	21 %

Source : Léger Marketing

CORDE 13

LA RECHERCHE DU CONFORT

Cette corde découle-t-elle de la précédente ou est-ce le contraire?

Le confort d'un foyer américain est d'une qualité inégalable: il faut le comparer à celui d'un foyer européen moyen pour bien s'en rendre compte.

Le Québécois tient au confort de ses fesses. Il s'y abandonne sans arrière-pensée: il possède un frigo, un lave-vaisselle, une cuisinière gros format et de qualité supérieure; il dispose de plusieurs téléviseurs, dont un cinéma maison, une chaîne stéréo dernier cri et plusieurs appareils téléphoniques. Nulle part au monde, l'électricité n'est aussi bon marché qu'au Québec: aussi bien en profiter.

De même, l'eau coule en abondance. Allons-y gaiement!

Les vendeurs immobiliers vous le diront: «Une maison qui n'a pas une grande cuisine tout équipée ne se vend pas. Comme dans les séries télévisées et dans les romans québécois, tout se passe dans la cuisine, qui reste la pièce la plus prisée de la maison.»

La maison de campagne, pour bon nombre de Québécois, est devenue un symbole de réussite sociale: chez nos richards, ces maisons deviennent des domaines de plusieurs millions de dollars.

Mais on réalise des progrès. Le Québec est devenu le paradis des voitures compactes. Si bon nombre d'aînés roulent encore en grosses américaines, les boomers ont commencé à délaisser les gros VUS pour les plus petites cylindrées ou des *crossover* et rejoignent les X qui, fortement entraînés par les femmes, roulent en plus petites voitures.

Peut-être arrivons-nous avec quelques années de retard au « *small is beautiful* » des sociétés conservatrices.

Comment jouent les nouvelles cordes sensibles dans l'important marché de l'automobile?

En 2002, 78,3 % des ménages utilisaient un véhicule acheté ou loué. Trente et un pour cent en utilisaient deux ou plus et 21,7 % n'en possédaient pas.

Aux États-Unis, 99,8 % des ménages possèdent au moins une voiture, 88 % en possèdent deux, parfois même jusqu'à quatre ou cinq. C'est le pays des trois grands constructeurs qui, soit dit en passant, n'ont cessé depuis cinq ans de perdre des parts de marché devant les constructeurs asiatiques.

Au Québec, le nombre de voitures est plus élevé dans les ménages de deux personnes et plus, ceux ayant un revenu plus élevé, ceux qui habitent en zone rurale et ceux dont les deux conjoints travaillent

Les Québécois louent leurs voitures dans une proportion de 56 %, contre 49 % dans le reste du pays.

Boomer-homme voit ces changements d'un bon œil: «Les Québécois qui se cherchaient un statut social ont longtemps préféré les grosses voitures: ils vivaient pour payer leurs emprunts. Ils ont fait la fortune des «barons de l'automobile», concessionnaires richissimes, prétentieux qui fumaient de gros cigares dans leurs châteaux de Laval-sur-le-Lac ou leurs copropriétés de Hollywood, en Floride. Ces concessionnaires dictaient les conditions du marché; les contrats étaient écrits en petits caractères et le client n'avait jamais raison. Il se vend très peu de grosses voitures luxueuses au Québec telles les Chrysler 300, les Dodge Magnum, source d'énormes profits pour les concessionnaires.»

LAISSEZ LIBRE COURS À VOTRE JUGEOTE !

• Statistiques sur les voitures par famille et par femme.
• Statistiques sur l'endettement.
• Étude de Denis DesRosiers, président de DesRosiers Automotive Consultants.

CORDE 14
LE GOÛT BIZARRE

La rubrique du journal *La Presse* intitulée « La mocheté de la semaine » célèbre la corde 14.

Les guirlandes de Noël : celles qui ressemblent à d'affreuses toiles d'araignée et qui restent suspendues toute l'année autour des maisons et sur la devanture des magasins ; les baignoires renversées recouvertes de plâtre défraîchi qui servent de grotte à des statues de la Sainte Vierge...

Nous n'importons pas des États-Unis ce qui s'y fait de mieux, pensons notamment à certaines émissions de télévision, modes, ou produits d'un mauvais goût accablant.

Les pneus bronzés, argentés ou vernis, les flamants roses, les baignoires tronquées qui servent de grotte à des saintes vierges en plâtre défraîchi n'ont pas tout à fait disparu de nos routes rurales. De plus, beaucoup semblent croire que les nains de jardin ont une âme.

Les constructeurs ne se consultent pas au sujet du style des nouvelles maisons, et nos édiles laissent tout passer : 12 maisons californiennes ici, 24 minichâteaux de fausse pierre là, les cadrages de fenêtres et les portes en plastique... Il n'y a pas d'unité comme celle qui fait le charme de certaines villes françaises et villages italiens, où dominent les matériaux de terre ocre ou rouge. Il y avait autrefois un style de maison québécoise. Nous lui préférons le style bigarré, bizarre importé de Floride ou de Californie. Même à Outremont, on a vu se dresser des horreurs parmi de belles demeures centenaires en matériaux nobles. Le goût bizarre n'est pas une affaire de revenus.

Il nous faudrait des édiles de la trempe du baron Haussmann, qui redessina la ville de Paris sous le Second Empire en la dotant de larges avenues et de perspectives imprenables. Il réglementa le style, la hauteur et le choix des matériaux pour des quartiers entiers où des taudis insalubres avaient été rasés. Il eut ses détracteurs, mais qu'importe, il donna à Paris l'admirable style haussmannien.

X-femme aurait souhaité éliminer cette corde : « Nous sommes moins *kitch* qu'autrefois, en tout cas, moins que les Américains. Mon conjoint prétend le contraire : il ne supporte pas les femmes politiques qui se nouent un carré de tissu autour du cou, ni les filles qui se colorent les cheveux en jaune, en vert ou en rose, ni les gars qui, à quarante ans, portent encore des boucles d'oreilles ou de grosses chaînes autour du cou. Tout ce beau monde ne forme pas la majorité des Québécois. Toute société possède un certain nombre d'excentriques. Que certaines de nos artistes s'habillent comme la chienne à Jacques, peut-être, mais elles ne peuvent pas toutes s'acheter des créations françaises comme Céline. Je pense plutôt que les Québécois ont l'orgueil d'eux-mêmes et de leur environnement. Ils ne méritent pas cette réputation bizarre. »

Y-homme pense le contraire : « Faut bien admettre que nous sommes parfois bizarres. Quel peuple aurait osé inventer la « poutine » et trouver ça bon ? Alors que la cuisine s'améliore partout au Québec, il nous fallait inventer cette bizarrerie. La SAQ ne nous a pas encore dit avec quel vin accompagner ce chef-d'œuvre de notre gastronomie. »

CORDE 15

LA SOLIDARITÉ CONTINENTALE

Le Québécois, nous l'avons vu, ressent une appartenance au continent nord-américain plus forte que son compatriote anglophone, qui s'abrite derrière la Couronne pour se distinguer.

Certains pensent que nous sommes plus solidaires des Américains que de nos compatriotes canadiens. Nous fréquentons plus facilement les plages américaines d'Old Orchard et de Miami que les galeries d'observation des chutes du Niagara. Ce qui ne fait pas de nous des « Américains » parlant français.

Il faut voir avec quel faste la reine d'Angleterre a été reçue en Saskatchewan, en mai 2005, pour y inaugurer son propre monument équestre. Elle est la reine du Canada.

Des sondages le confirment : plus de Québécois que de Canadiens détestent George W. Bush. Ce qui n'en fait pas un peuple anti américain. Il est, par choix, plus à gauche que les républicains américains, plus social-démocrate.

X-homme explique : « Si j'étais Américain, j'aurais voté contre Bush. Il a commencé par mentir au peuple avant d'envahir l'Irak et il a joué sur la pire des émotions humaines pour se faire élire, la peur. Oui, la gestion de la peur, ni plus ni moins ! La peur met toujours la raison à son service. Les guerres font toujours peur au monde. Son entourage sent le baril de pétrole à plein nez : Chenney est un bel hypocrite, Wolfowitz, un bouffon arriviste et Rice, une marionnette. Pour une fois, les Français ont tenu leur bout, mais les pauvres Anglais aussi, *what the hell !*, voulaient du pétrole. Je me console : un Américain sur deux a voté contre Bush et il y aura d'autres élections. Il ne faut surtout pas penser que tous les Américains sont des demeurés. »

Puisque l'ALENA nous permet de partager le continent avec les Mexicains, aussi bien démontrer notre solidarité avec le pays des mariachis.

Le Mexique reste une destination privilégiée par les vacanciers québécois. Bon an, mal an, plus de 200 000 touristes québécois envahissent les stations balnéaires mexicaines moins chères, plus gaies et plus latines que les plages de la Floride. Par ailleurs, le touriste est en droit d'espérer davantage d'un État qui, en raison de sa civilisation, de sa musique, de sa cuisine et de son histoire est beaucoup plus attirant que Hollywood, Florida. Pourtant, mis à part les 1 500 Québécois cossus qui possèdent une copropriété en Floride, plus d'un demi-million d'entre eux vont se faire «griller» chaque hiver sur les plages de Miami et d'Orlando. Ces chiffres du Conference Board of Canada indiquent que 44 % des Québécois prennent des vacances d'hiver à l'étranger et que 20 % d'entre eux amènent les enfants.

CORDE 16 – NOUVELLE CORDE
LA BOSSE DES TECHNOLOGIES

S'il faut donner à cette corde ses lettres de créance, citons le Cirque du Soleil. Ah bon! Ses spectacles sont de la pure technologie transformée en art. Les Québécois ont révolutionné le monde du cirque grâce à la bosse des technologies. Le cirque est avant tout une science exacte. Barbey d'Aurevilly écrivait: « Le cirque est le seul spectacle où la perfection est de rigueur. Ailleurs, on peut s'en passer, on n'en meurt pas. »

En 1980, le Québec était le Sahara des technologies. Aujourd'hui, le Québec est profondément engagé dans cette révolution planétaire, comme en témoigne son industrie des technologies de l'information. Le concours Octas – 19e édition en 2005 – rend hommage à des individus, des entreprises ou des organismes pour leur créativité, leur dynamisme et leur contribution exceptionnelle à l'essor de l'industrie. Il y a au Québec une concentration de main-d'œuvre de haut calibre.

LAISSEZ LIBRE COURS À VOTRE JUGEOTE !

• La Foire de l'aéronautique.
• Les Québécois et la maîtrise des nouvelles technologies : les sciences biomédicales, l'aéronautique, les technologies de l'information.
• Hydro-Québec a des projets concernant les voitures électriques.
• Softimage.
• Imagerie XYZ, fondée en 2000 par Éric Bosco et Daniel Langlois, fabrique des hologrammes.
• Effondrement des titres technologiques en 2000.
• Groupe Conseil Omnitech fondé par Claude Belley.

LE SENS DE LA PUBLICITÉ

Quand on pense à tous les spectacles, films, chansons, festivals, galeries d'art, cirques, publicités, théâtres, troupes de danse qui, bon an, mal an, puisent dans notre créativité, nous sommes bien forcés d'accorder, et cela sans exagérer, cinq étoiles à nos créateurs.

Les consommateurs québécois ont toujours aimé les coups d'éclat de leurs publicitaires, s'amusant à parodier les messages télévisés, à reprendre des slogans connus, à en détourner le sens. La publicité est un art populaire. Elle n'a donc aucune raison de ne pas se surpasser.

Tout a évolué rapidement dans le monde de la publicité québécoise : les agences, leurs messages, les médias et les consommateurs.

Non seulement les consommateurs sont exposés à un plus grand nombre de messages et à des médias nouveaux, mais ils sont moins tolérants envers la publicité insipide, la « plate publicité ».

Certains soirs, aux heures de grande écoute, on affirme que cinq Québécois sur six s'assoient devant l'écran cathodique pour se faire bombarder de messages publicitaires. *Star Académie* a attiré 3 019 000 auditeurs le 13 avril 2003.

Nous possédons un olympe de dieux et de déesses, l'Union des artistes, véritable source d'où les publicitaires puisent à volonté les « stars » qui vendront leurs produits : il s'agit de choisir celle qui possède les attributs du produit. Au Québec, et c'est une caractéristique de notre publicité, plusieurs marques doivent leur succès à notre *star system* : Pepsi (Claude Meunier), Bell (Benoît Brière), Honda (Martin

Matte), Listerine (Daniel Lemire), Tim Hortons (Élyse Marquis et Patrick Labbé). L'excellente chroniqueuse Emmanuelle Garneau (*La Presse*, 17 avril 2005) commentait une campagne de Loto-Québec: « La publicité du jeu de Bingo a tout de suite attiré l'attention à cause de sa recette pas très originale, mais toujours payante au Québec: les vedettes. On ne dira jamais assez combien la publicité québécoise doit au *star system* local et... vice-versa. D'Olivier Guimond à Martin Matte, la quantité de vedettes québécoises ayant contribué au succès des marques (succès que les marques leur rendaient bien en leur procurant une visibilité hors du commun) n'a jamais failli. Un cas unique que les Européens et même les Américains considèrent toujours avec curiosité et qui doit beaucoup à la sympathie qu'éprouvent les Québécois envers la publicité de chez eux. »

Aîné-homme critique la publicité: « La publicité fait partie de la vie, comme les automobiles, les impôts. Il y a trop d'annonces dans les émissions de télé et, d'après moi, seulement une sur trois est intéressante parce qu'elle nous fait rire, parce que les artistes sont bons ou parce qu'elle nous apprend quelque chose. Les autres, tu te demandes où l'annonceur veut en venir. T'as beau les voir quatre fois dans la même semaine, il n'y a toujours rien à comprendre. Ma femme ne les comprend pas plus que moi. Pourtant, elle est plus influencée que moi par la publicité: elle achète les magazines féminins qui ont le plus d'annonces. »

Y-femme commente à son tour: « Non, la publicité à la télévision ne me dérange pas trop. Il y a des annonces qui sont de petits bijoux. Puis, il y a les commerciaux de bière. Ceux-là, je pourrais m'en passer. On dirait qu'ils sont écrits pour des retardés. Exemple: ça se passe au bord d'un lac. Il y a là cinq ou six belles filles en maillot de bain ou en short, belles mais pas forcément des comédiennes, et autant de gars excités comme des étalons, des gars un peu "tatas" qui secouent leur bière pour arroser les filles. Ça finit comme un concours de t-shirts mouillés et tout le monde rit comme des fous. Je ne vois pas comment ces annonces peuvent faire vendre de la bière, surtout pas aux femmes, et s'ils visent les jeunes "tatas", c'est pas un gros public. »

Lors d'une entrevue à RDI le 18 mars 2005, deux chefs de file de la publicité, Yves Gougoux et Claude Cossette, ont défendu des points de vue diamétralement opposés : le premier affirmait que « toute publicité qui a un bon concept est universelle » ; le second, « qu'un bon concept sera encore plus efficace s'il a une saveur locale ». Depuis quelques années, plusieurs concepteurs publicitaires québécois récoltent des prix internationaux dont les prix Stratégie et les Lions de Cannes. D'autres, qui pratiquent une publicité à résonance culturelle québécoise, récoltent les prix du Gala annuel de la publicité du Publicité-Club de Montréal. Tant mieux si cette guerre des deux écoles tend à bonifier notre pub tout en confirmant la créativité de nos publicitaires, qui en ont à revendre.

Les suites du scandale des agences de commandite. Ouch !

C'est étonnant que les Québécois, malgré la prolifération des chaînes de télévision spécialisées et tous les autres passe-temps qui s'offrent à eux sous forme de spectacles en ville, puissent encore fournir à la télévision des auditoires qui dépassent les deux millions de téléspectateurs.

Aux États-Unis, les annonceurs s'emparent d'Internet, des chaînes en langues étrangères, la chaîne espagnole entre autres, des chaînes câblées et des panneaux-réclames. Ils tirent de plus en plus profit de la publicité, au cinéma et dans les jeux vidéo, pour vanter leurs produits. Les journaux, la radio, la télévision en réseau et les magazines d'affaires devront défendre âprement leur place dans le paysage publicitaire.

Les sentiments parviendront toujours à toucher les consommateurs, tant les hommes que les femmes.

L'image de la femme en publicité a rapidement évolué depuis le temps où la « ménagère » classique s'entêtait à faire disparaître « le vilain cerne noir autour de la baignoire ». L'homme, à son tour, et comme par un effet de balancier, est souvent dépeint par la publicité comme un perdant, un peu nigaud, un pauvre type totalement incapable d'entreprendre la moindre tâche ménagère. Ces images ne contribuent pas à redonner aux mâles québécois une image positive d'eux-mêmes.

Il y a eu 73 000 naissances au Québec en 2003 et 56 000 décès ; nous avons retenu environ 23 000 de nos 40 000 immigrants, et 18 000 Québécois de souche ont émigré dans les autres provinces du pays. À ce rythme, les démographes prédisent que la population du Québec atteindra 8 000 000 vers 2015, avant d'amorcer sa longue décroissance.

Quand une annonce vous plaît à la télévision,
est-ce à cause d'un ou de plusieurs de ces facteurs?

L'information	56 %
L'intérêt pour le produit annoncé	52 %
La musique	42 %
La qualité du français	41 %
La présence d'un artiste québécois	24 %
La présence d'une vedette	20 %

Source: Sondage Omnibus – 2005

CORDE 18 – NOUVELLE CORDE
L'ENTREPRENEURIAT

Qu'en un quart de siècle cette nouvelle corde de l'entrepreneuriat ait remplacé l'abominable corde de l'anti-mercantilisme peut surprendre : elle pointait déjà le nez à la fin de la Révolution tranquille et voilà qu'elle éclate en ce début de millénaire, sans doute pour célébrer la mondialisation, un phénomène planétaire auquel le Québec s'est vite adapté en tirant profit d'un marché agrandi sans pour autant sacrifier sa culture distincte en Amérique.

Y-femme, 36 ans, qui occupe un poste de direction chez un grand courtier d'assurances, rêve de lancer son entreprise : «Du temps de ma mère, les femmes devaient demander la permission à leur mari pour fonder une entreprise. Mon mari est dans l'immobilier et nous rêvons depuis longtemps de nous lancer dans l'assurance de grands immeubles et d'usines, dans le secteur commercial. Nos jumelles auront seize ans l'an prochain et nous ferons le saut. C'est dommage que les femmes soient forcées d'attendre si longtemps pour se lancer en affaires : elles ne peuvent en même temps élever des enfants et «élever» une entreprise. Je pense avoir dix ans de retard, mais mon expérience va me permettre de faire moins d'erreurs. Je compte rester la mère de mes filles et l'épouse de mon mari. Ça, c'est un plus grand défi pour moi que l'assurance. Mais avec un peu d'organisation, je devrais y arriver. J'y songe depuis trop longtemps pour reculer. Chacun a besoin de se réaliser, et de plus en plus de femmes vont se lancer en affaires dans les prochaines années.»

Le cas de Y-femme est fréquent : choisir entre la maternité et l'entrepreneuriat, élever des enfants ou mousser sa carrière au sein de l'entreprise.

Selon un dernier bulletin de la CIBC, depuis 1989, deux fois plus de femmes que d'hommes lancent leur propre entreprise ; elles dirigent désormais plus du tiers des petites entreprises canadiennes, bien qu'elles en soient souvent l'unique employée. C'est pour elles un moyen pratique de concilier travail et famille. La percée des entrepreneurs est particulièrement visible dans les domaines de la communication, de la publicité et des relations publiques, dans l'immobilier, les services financiers et l'assurance. Un quart de ces entrepreneures détiennent des diplômes universitaires.

La corde de l'antimercantilisme tombe. Quel soulagement ! On pourrait la remplacer par l'entrepreneuriat en plaçant le Cirque du Soleil en tête.

Nous comptons trois milliardaires québécois sur la liste des personnes les plus riches de la planète, selon le classement du magazine *Forbes* 2005 : Paul Desmarais (3,3 milliards US) occupe la 164ᵉ place ; Jean Coutu (1,8 milliard), la 366ᵉ ; et Guy Laliberté (1,2 milliard), la 548ᵉ. On compterait plus de 20 000 millionnaires au Québec. Ce n'est pas mal pour un peuple qui, il n'y a pas si longtemps, avait comme professeurs de commerce les Frères des Écoles chrétiennes, de bons bougres qui avaient fait vœu de pauvreté.

En dehors de la puissante Power Corporation, de Quebecor, de l'étonnant Cirque du Soleil et de toutes celles de nos entreprises qui obtiennent un succès à grande échelle, nos dirigeants de PME font preuve d'un entrepreneuriat peu commun quand on compare leur situation fiscale à celle de leurs voisins ontariens. Au Québec, l'entrepreneur doit acquitter l'impôt fédéral de 13 à 22 %, les TPS/TVQ de 13,5 %, les taxes sur la masse salariale de 2,70 à 4,26 %, la taxe sur le capital, sur les carburants, tandis qu'en Ontario, une PME paye un taux d'imposition de 5,5 %, des taxes sur la masse salariale de seulement 1,95 %, et l'entrepreneur, un impôt personnel très inférieur à son homologue québécois.

Nous avons progressé depuis 25 ans.

La proportion de personnes travaillant pour des entreprises à propriété francophone est passée de 47 % en 1961 à 69 % en 2002.

Plusieurs entreprises québécoises, pour ne mentionner que Desjardins, Couche-Tard, Jean Coutu, CGI, Quebecor, Secor, Alcan, Power Corporation, Tembec, SNC-Lavalin, Premier Tech ont réussi des implantations solides dans les autres provinces du Canada et à l'étranger, dans la poussée de la mondialisation.

Selon les dernières statistiques de la revue *Commerce* (juin 2005), nous logeons 104 sièges sociaux des 500 plus grandes entreprises du pays, contre 236 en Ontario et 80 en Alberta. Nous ne possédons que 12 sièges sociaux parmi les 50 plus importantes entreprises canadiennes.

Dans ce même numéro de *Commerce*, Lili Marin s'informe auprès du professeur François Vaillancourt de la nouvelle présence des entrepreneurs francophones dans notre économie. « Ce sont des employeurs beaucoup plus importants qu'avant. Entre 1960 et 2000, la proportion des emplois dans les entreprises francophones est passée de 48 à 67 %. Cependant, au cours de la dernière décennie, cette croissance a ralenti. Il arrive un moment où certaines entreprises anglophones ne sont pas remplaçables par des entreprises québécoises. De nos jours, on ne peut pas imaginer le Québec avec 100 % d'entreprises sous contrôle francophone. La proportion plafonne autour de 70 à 75 %. »

Le Québec, en plus de ses cerveaux et de son secteur manufacturier, jouit de ressources naturelles abondantes : bois, papier, mines et métaux, produits de l'agriculture et de la pêche. Ces ressources, comme une police d'assurance, favorise notre intégration dans l'économie mondiale.

L'avenir du Québec repose sur ses entrepreneurs. Et cela n'est pas une phrase en l'air. Le passage des baby-boomers à la retraite va perturber les finances de l'État : n'en doutons pas, il y aura une « taxe sur la vieillesse » et elle sera sucrée. La Société d'assurance automobile du Québec a augmenté ses primes de 50 % au cours des cinq dernières années, du jamais vu.

Nous travaillons déjà six mois par an pour les gouvernements, pour payer les taxes et les impôts. Peut-être devrons-nous en travailler sept ou huit dans les années qui viennent. Les taxes représentent la dépense la plus importante pour une famille, davantage que le logement, l'alimentation ou les loisirs. Comment nos entrepreneurs réussiront-ils à louvoyer entre les augmentations de taxes qu'ils devront subir, la pénurie de main-d'œuvre spécialisée et l'intégration des employés immigrants?

Le Concours des jeunes entrepreneurs a attiré l'an dernier 200 000 participants. Il se crée 900 entreprises par an au Québec, soit environ 10 % du total canadien. «Cette proportion est bien en deçà du poids du Québec par rapport à celui de l'ensemble du pays», peut-on lire dans la déclaration «Pour un Québec entrepreneurial» de la Fondation de l'entrepreneurship. Il est vrai que seulement 20 % de ces nouvelles entreprises célébreront leur 10e anniversaire, statistiques décevantes à première vue, mais plutôt réjouissantes comparées à celles d'il y a 30 ans.

Ce que pense le Québec de l'entrepreneuriat

1-Les compagnies ont d'abord et avant tout une responsabilité envers:

leurs salariés	23 %
les communautés dans lesquelles elles sont implantées	22 %
les clients et les actionnaires	17 %
l'écologie	18 %

2-Le parcours professionnel le plus intéressant:

l'entrepreneuriat	43 %
la fonction publique	11 %
la grande entreprise	14 %

3- Il est souhaitable d'exercer plusieurs métiers au cours de sa carrière:

Oui	28 %
Non	72 %

4- À qui faites-vous confiance pour créer des emplois?
À l'État, aux multinationales ou aux PME?

	PME	État	Multi-nationales
Québec	76%	9%	10%
Canada	66%	16%	11%

Source: Léger Marketing

LAISSEZ LIBRE COURS À VOTRE JUGEOTE!

• Le regroupement des femmes d'affaires du Québec (avec son gala annuel), le Centre d'entrepreneuriat du Québec, la Fédération canadienne de l'entreprise indépendante.
• Qu'est-ce que le Québec peut me fournir si je veux lancer mon entreprise?
• Ne pas oublier le succès des femmes dans les organismes gouvernementaux et paragouvernementaux.
• Scientifiques de haut niveau à la tête d'entreprises.
• Le secteur manufacturier – 900 manufactures au Québec, aluminium, aéronautique, bois.
• Il va falloir compter sur la créativité et la performance de nos entrepreneurs dans les prochaines décennies, alors que les coûts de santé vont quadrupler.
• Plus de 80% des entreprises québécoises sont familiales, d'où l'intéressante Fondation des familles en affaires.

CORDE 19 – NOUVELLE CORDE
LE SCEPTICISME

C'est à se demander ce qui nous a pris de remonter jusqu'aux philosophes grecs pour aller chercher cette nouvelle corde : ça ne valait pas le déplacement.

Depuis 30 ans, le scepticisme n'a cessé de régner au Québec. Notre attitude vis-à-vis des femmes et des hommes politiques a atteint le point de non-retour. La commission Gomery aura fortement contribué à détruire nos dernières illusions en exposant la classe politique comme jamais elle ne le fut au pays.

L'idée de la commission, géniale création du non moins génial Paul Martin, devait sauver les derniers meubles de la famille libérale : il n'en fut rien. Le *reality show* qui s'ensuivit allait coûter des millions, faire d'un juge réservé et discret un héros national, perdurer des mois, et accoucher de recommandations qui, pour la plupart, ne seront jamais mises en pratique. Dans un an, plus personne n'attachera la moindre importance à cette commission.

La commission Gomery, idée révélée d'un premier ministre canadien à la recherche de sa virginité, fut, par contre, la plus grande campagne jamais entreprise pour discréditer les hommes et les femmes politiques au Canada. En ce sens, elle connut un immense succès.

Au dernier sondage de Léger Marketing qui chiffre le degré d'admiration des Québécois pour leurs pairs, les politiciens et les vendeurs d'automobiles occupent le bas de l'échelle à 14 % contre, par exemple, les médecins à 89 %.

Selon certains observateurs, notre scepticisme se confond souvent avec un cynisme qui tourne tout en dérision : « Quand on rit de tout, plus rien ne nous dérange. »

Montaigne appelait le scepticisme « le mol oreiller », objet commode qui nous permet de fermer les yeux par défiance ou désintéressement sur tout ce qui se passe autour de nous.

Cette corde possède plusieurs facettes : le doute, le dilettantisme, l'irréligion, la libre pensée. Autant de manifestations qui nous sont familières. Elle fait bon ménage avec deux nouvelles cordes, l'hédonisme et la tolérance ; puisqu'il n'y a plus que la jouissance qui importe et que plus rien n'a d'importance, on peut tout tolérer.

Bien pire que le scepticisme serait le cynisme fait d'impudence, d'effronterie et d'obscénité qui ne tiendrait compte d'aucune des restrictions qu'impose la vie collective. Ça va loin, la bêtise, si l'on n'y prend pas garde.

X-homme commente : « Votre question implique que les X seraient plus sceptiques que les boomers. Je ne le pense pas. Primo, nous leur devons une bonne part de notre scepticisme ; secundo, rien n'a tellement changé depuis 25 ans qui pourrait rendre les X moins sceptiques. Dans le scandale des commandites, dans l'affaire Gaspésia, on a vu que les gouvernements ne sont pas toujours la solution, mais souvent le problème. Je ne demande pas mieux que de croire, alors aidez-moi un peu. Il y a trop de gens qui pensent détenir la vérité au Québec pour leur attacher la moindre importance. »

On doute de la présence de Dieu, des hommes et des femmes politiques, de la justice qui est « lente, compliquée et chère ».

Depuis les années 1960, les soutanes des curés ne tenaient plus que par un bouton : ils ont défroqué en masse, religieux et religieuses, créant une nouvelle vague de scepticisme chez les derniers pratiquants. La religion est devenue un sujet tabou au Québec, et il est à la mode d'exprimer son scepticisme au premier venu. Certains ont prétendu qu'une forme exacerbée de nationalisme avait comblé notre besoin de spiritualité. Dany Laferrière écrit même que le discours religieux s'est simplement changé en discours social : nos politicologues, nos sociologues, nos « humanitaires » et même nos experts économistes n'ont fait que moderniser le discours des curés d'autrefois. « Chassez le sacré par la porte, il rentre par la fenêtre. »

X-Femme : « C'est devenu une attitude généralisée au Québec de houspiller nos femmes et nos hommes politiques, de douter de leur intelligence et de leur sagesse. Quand les sondeurs interrogent le peuple à savoir "quelles sont les professions auxquelles il fait le moins confiance", immanquablement les politiciens se retrouvent au bas de l'échelle sociale avec les vendeurs de voitures d'occasion. Personnellement, je connais un ancien ministre péquiste, qui a été mon professeur, et un député libéral qui sont, à mon sens, des modèles de citoyens engagés, cultivés, qui ne voleraient pas une épingle.»

À quoi est due la réputation sulfureuse de nos hommes et femmes politiques? À notre défaut de *placoter*, aux journalistes toujours à l'affût du moindre scandale, à une partisanerie malsaine, à des rapports avec la démocratie qui frisent le cynisme. Tout cela et même plus. La commission Gomery n'aura condamné aucun politicien en particulier, mais les a tous marqués au fer rouge.

À la longue, le cynisme pourrait l'emporter sur le scepticisme. Dans *Une société de chiens*[33], Éric Dupin écrit: «Le cynisme, cette maladie de la morale sociale, celle d'une société d'acteurs désabusés, après avoir grignoté les élites, ce mal s'attaque désormais à l'ensemble du corps social, au fur et à mesure que la société bourgeoise se dépouille des traditions et des croyances qui l'enserraient. Accusée numéro un : la télévision qui, devenue une industrie, diffuse dans l'opinion un "modèle de réussite où priment la ruse, les petits calculs, les rapports de force plus ou moins curieux".» Éric Dupin est-il en train de nous décrire les Bougon?

La récente commission Gomery a percé à jour de nombreux scandales. Qui sont, à votre avis, les principaux responsables de cette situation?

Les dirigeants politiques	60 %
Les fonctionnaires	10 %
Les dirigeants d'agences de commandites et de publicité	15 %
Autres	27 %
Ne sait pas	11 %

Source : Léger Marketing – Sondage Omnibus

---

33. Éric Dupin. *Une société de chiens*, Paris, Seuil, 2006, 219 p.

L'ESPRIT MOUTONNIER

« Là où passe le bélier, les moutons suivent », écrivait Henri Bourassa, le fondateur du quotidien *Le Devoir*.

C'est notre travers le plus populaire, celui que les caricaturistes exploitent le plus, celui que l'on fustige ouvertement dans les conversations, des plus banales aux plus sérieuses.

« La peur diffuse dans laquelle nous vivons, écrivait le frère Untel-Desbiens, stérilise toutes nos démarches. Nous avons peur de l'autorité. Nous choisissons le plus sûr : ne rien dire, ne rien penser. On devrait élever une basilique à Notre-Dame-de-la-Trouille et organiser des pèlerinages. »

Nous sommes plus avertis, plus instruits, plus renseignés que jamais, mais nous croyons qu'il s'agit là d'une solide vertu dont nous tirons presque vanité.

Nous attrapons toutes les manies en vogue. Il n'y a plus une entrevue à la radio ou à la télévision qui ne commence par l'impératif « écoutez », comme si on allait nous révéler une vérité infuse, une nouvelle parole de l'Évangile. On a beau « écouter », néant. Idem pour « ceci dit », alors que l'Office québécois de la langue française recommande « cela dit ». Dans la première version des *Cordes*, la manie en vogue ponctuait la conversation de « t'sé, là… là ! ». Si l'on devait enlever « super » de notre vocabulaire national, nous n'aurions plus rien à dire.

Les Québécois se retrouvent tous dans les mêmes copropriétés de Miami, les mêmes hôtels de Paris, sur les mêmes plages du Maine ; leurs roulottes s'entassent dans les mêmes parcs.

La mode « des nombrils à l'air » pour les adolescentes, et celles qui veulent le rester, aura été le phénomène de mode le plus rapide de la décennie : en moins d'un mois, à Montréal, les jeans de ces dames perdirent 20 centimètres pour exhiber des ombilics, et pas toujours les plus jolis. Une voix mystérieuse leur avait ordonné de le faire.

Comment expliquer qu'au Québec une mode prenne si peu de temps à gagner l'assentiment général?

«C'est un défaut qui nous a marqués trop longtemps, commente Aîné-homme, pour espérer le perdre en 25 ans. Nous importons des États-Unis ce qu'ils ont de plus laid: les grandes limousines allongées et le chewing-gum que l'on retrouve collé sous les chaises des restaurants, des séries télé d'un vide abyssal, des gadgets qui coûtent cher et ne servent à rien. »

CORDE 21
LE FATALISME

Le destin est une conception humaine qui remonte à la nuit des temps. Aussi appelé fatalité, il comprend toutes les forces occultes qui règlent d'avance et irrévocablement ce que l'on croit inévitable. Si une épidémie de grippe aviaire doit survenir, elle surviendra, et personne n'y pourra quoi que ce soit.

Un des principes de notre fatalisme le plus élémentaire, que nous avons d'ailleurs longtemps bercé, voulait que nous soyons « nés pour un petit pain ». On s'en souvient, c'était la complainte du porteur d'eau. Ce fatalisme persiste et s'incruste en empruntant des formes subtiles ou, si l'on veut, renouvelées. En voici un exemple : nous nous contentons béatement d'un niveau de vie plus bas que celui qui prévaut en Ontario parce que nous sommes convaincus qu'il y a moins d'inégalités sociales chez nous. Comme si nous ne pouvions pas améliorer notre qualité de vie tout en conservant nos meilleures mesures sociales. Ce fatalisme est pernicieux.

Le fatalisme prend souvent racine dans les religions : un musulman n'est pas moins fataliste qu'un chrétien. Le jeune Palestinien qui se fait exploser dans son corset de dynamite croit dur comme fer que c'est le seul destin que lui réserve Allah, dieu unique du monde. Il n'y a pas si longtemps, les Québécois, hommes et femmes, s'expatriaient en grand nombre dans les missionnariats africains pour soigner les lépreux, cancéreux et autres souffrants, souvent sans le moindre désir d'en revenir. Ils obéissaient « à une voix », à leur destinée.

On ne veut jamais que sa propre destinée, paraît-il.

Les pays catholiques comme la France, le Portugal, l'Italie, l'Espagne et bon nombre de nations d'Amérique du Sud s'accordent à dire que «l'homme propose et Dieu dispose».

Il y a tant de choses que le bon Dieu a voulues au Québec que l'on pourrait croire qu'Il n'a eu de pensées que pour nous.

Pour remplacer *Je me souviens* sur les plaques d'immatriculation des automobiles, «Ça devait arriver» serait une bien meilleure devise.

Demandez à un Québécois : «Comment ça va?» Réponses possibles : «Pas pire», «Ça pourrait aller mieux, mais ça coûterait plus cher», «Comme çi comme ça» ou «Ça s'endure, on s'tire d'affaires, on mange trois fois par jour».

Depuis le *sweepstake* irlandais d'après-guerre, les loteries chinoises clandestines, la «barbotte», la taxe volontaire (ancêtre de tous nos lotos) du maire Jean Drapeau pour les Jeux de 1976, les Québécois tentent le sort et conjurent le destin, convaincus que «tout ce qui doit arriver va arriver». Les salles paroissiales ayant disparu, les bingos, «cette passion des dames d'un certain âge qui vivent de leurs rentes», sont apparus.

Y-homme se révèle un fin psychologue : «Pour moi, la chance n'existe pas. Je ne peux exercer aucune influence sur le billet gagnant du loto. Ce que nous appelons la chance est une projection extérieure de notre inconscient. Nous pouvons provoquer ce qui nous arrive, comme le succès en amour, en affaires, dans sa carrière. Ce genre de chance existe et la preuve est faite, mais nous ne pouvons influencer l'inscription des numéros de la loto sur un morceau de papier.»

Les Québécois partagent avec les Asiatiques la passion du jeu. «Veux-tu gager?» est une phrase qui revient souvent dans la conversation quotidienne.

Il n'en demeure pas moins que le Casino de Montréal est l'attrait touristique le plus fréquenté à Montréal avec 6,3 millions de personnes en 2004, devançant le Vieux-Port qui a reçu 5,5 millions de visiteurs.

Le gouvernement mène des campagnes d'information sur les dangers du jeu compulsif tout en empochant les profits des casinos. C'est ce qu'on appelle la conduite à deux pieds : un sur le frein ; l'autre sur l'accélérateur…

Le débat autour du déménagement du Casino de Montréal a fait monter le milieu sociocommunautaire aux barricades.

Il y aurait, selon certaines études, entre 35 000 et 55 000 joueurs pathologiques, et autant qui menacent de le devenir.

Aînée-femme donne en plein dans la corde du fatalisme : « Que le Casino reste là où il se trouve, qu'il déménage dans le Vieux-Montréal, cela ne change rien au problème. On n'empêchera jamais les gens de jouer et de jouer trop. En raison d'un vieil atavisme catholique, nous sommes fatalistes et nous croyons aux miracles. Si Loto-Québec n'existait pas, nous trouverions d'autres moyens d'assouvir notre passion du jeu. Au moins, les profits du Casino restent au Québec. C'est écrit dans le ciel, il y aura toujours des gens qui boivent trop, qui roulent trop vite en voiture ou qui jouent trop. »

On ne peut pas dire que la société d'État est mal administrée alors que le marché atteint plus ou moins ses limites au Québec : ses profits, en mars 2005, étaient de 1,58 milliard, en hausse de 46 millions par rapport à l'année précédente ; elle a versé à son unique actionnaire, le gouvernement du Québec, un dividende de 1,51 milliard. Cherchant un équilibre entre sa mission économique et ses responsabilités sociales, elle a versé six millions de dollars à la fondation Mise sur toi pour contrer le jeu pathologique et s'apprête, dès l'an prochain, à publier un bilan social. Jusqu'à quel point le gouvernement veut-il presser le citron et exiger de Loto-Québec encore plus de profits ?

Après avoir dépensé 300 millions pour assurer la survie de l'industrie des courses de chevaux, Québec annonce son intention de se départir des quatre hippodromes de la province et de mettre en vente les terrains de l'Hippodrome de Montréal. Il fut un temps où les pistes de Blue Bonnets et de Richelieu attiraient à elles seules plus de deux millions de parieurs par année.

Le même problème moral se pose pour la Société des alcools. Plus de 18 500 décès dus à la consommation de ce produit ont été dénombrés en 1990. L'alcool au volant demeure une cause majeure de décès chez les jeunes. Parmi les conducteurs mortellement blessés en 1990, 43 % ont fourni des résultats positifs, et 35 % présentaient un taux d'alcoolémie supérieur à la limite permise de 0,08 % (c'est-à-dire 0,8 g d'alcool pur par 100 ml de sang)[34]. L'alcool ne sera pas interdit dans les bars, il va sans

34. Source : Santé Canada.

dire, mais la cigarette, oui. Les Québécois sont les champions du Canada avec 1,4 million d'adeptes de la nicotine. Lequel des deux produits est le plus néfaste pour la société?

« Le fait que les souverainistes ont célébré en grande pompe le 25ᵉ anniversaire de la défaite du référendum de 1980 me semble d'un fatalisme dangereux, fait remarquer Y-femme. Avez-vous entendu dire que les Français célèbrent la défaite de Waterloo? Au lieu de se réunir au Métropolis pour s'auto-congratuler et entendre chanter le légendaire Gilles Vigneault, les dirigeants du PQ devraient plutôt s'interroger sur les causes des défaites de 1980 et 1995 afin de les expliquer à ceux qui, comme moi, ont voté OUI et probablement perdu leurs dernières chances d'accéder à un Québec souverain. C'est la faute aux politiciens si nous avons perdu. Et jamais deux sans trois, comme on dit. »

« On est bien né pour un petit pain, commente Luc Dupont dans la revue *RND*. Quand les Nordiques ont quitté Québec en 1995, ils devaient, l'année suivante, gagner la Coupe Stanley. La réaction, ç'a été: "Qu'on est donc pas chanceux, c'est encore nous autres qui écopent." C'était écrit dans le ciel. »

Quand les publicitaires promettent que « nous avons tout à gagner et rien à perdre », ils touchent une corde sensible.

Les tours de New York peuvent s'écrouler, les trains en Espagne, les autobus en Angleterre peuvent sauter, personne ou presque ne croit que al-Qaïda pourrait frapper chez nous. Pourtant, Oussama Ben Laden en personne a pointé du doigt le Canada en 2002. Et puis après?

Par simple fatalisme, nous nous sentons prémunis contre les crimes en tous genres. L'enquête sociale générale de Statistique Canada (2004) nous apprend que ce sont les Québécois qui, à 77%, sont les moins enclins à croire que la criminalité a augmenté dans leur milieu. Les grands bonzes des Hells Angels sont à l'ombre, on peut dormir en paix.

Les journaux rapportaient récemment que deux automobilistes tués dans une collision frontale sur une route de la région de Laval causaient sur leur portable. Évidemment, par fatalisme, cela ne peut arriver aux 60% d'automobilistes québécois qui admettent utiliser leur cellulaire en voiture, contre les 15% qui ne l'utilisent jamais.

Après la pluie… le beau temps?

CORDE 22
LE CONSERVATISME

« L'homme est un être d'habitude », notait Goethe.

Un sondage effectué par Ipsos-Reid et commenté dans *La Presse* (9 avril 2005) par Claude V. Marsolais révélait que « 77 % des Québécois préfèrent des vacances traditionnelles prenant la forme de visites touristiques ou d'une immersion dans un bain de culture, alors que seulement 11 % rêvent de vivre des émotions fortes ». On savait déjà que les destinations préférées des Québécois en Europe étaient la France, l'Italie et l'Espagne, alors que les Canadiens anglais préfèrent l'Angleterre, l'Allemagne et l'Autriche, chacun obéissant à ses racines.

Nous sommes fidèles à nos marques. Une marque qui ne tiendra qu'un seul cycle vital de cinq ans dans les autres provinces résistera deux ou trois fois plus longtemps au Québec. Par exemple, on a vu des marques de médicaments extrêmement populaires être retirées des tablettes des pharmacies parce qu'elles ne cadraient plus avec les objectifs de marketing international des fabricants. Nous étions à contre-courant.

Dans sa chronique « Stratégie Marketing », François Perrault écrit qu'un supermarché renferme 45 000 produits, comparativement à 15 000 il y a dix ans ; on comptait 140 marques de voitures en Amérique en 1975, par rapport à 260 aujourd'hui ; il y a 30 ans, on recensait 5 marques de chaussures de sport, comparativement à 285 aujourd'hui.

Comme le faisait remarquer Maurice Lévy, président du Directoire de Publicis Groupe, lors d'une conférence tenue à Montréal en mars 2006 : « Agir par habitude pour l'homme ou la femme, c'est risquer de perdre le goût de la nouveauté en même temps que le sens de l'aventure. Pour dire les choses simplement : en un temps où l'on change de voiture tous les deux ans, de métier tous les cinq ou dix ans, de femme ou de mari tous les sept ans et si facilement de ville ou de pays, on comprendrait qu'il soit naturel de se passer d'une marque. »

Il n'existe désormais de ciné-parcs nulle part en Amérique, excepté au Québec. Longtemps, Maurice Duplessis, appuyé par l'épiscopat, a empêché ce genre de divertissement de voir le jour au Québec, « des occasions de pécher », selon lui. Il existe toujours dix-sept ciné-parcs dans la province, qui, sans exclure quelques occasions de « necking » et de parties de jambes en l'air, sont devenus des divertissements familiaux tout à fait inoffensifs.

Le politicologue et professeur à l'École nationale d'administration publique, Christian Dufour, n'aime pas cette corde. Il écrit : « Dans le cas québécois (comme le français), la réaction normale d'une société incapable d'affronter efficacement le changement est de se réfugier dans le conservatisme, en actes ou en paroles. On se replie sur ce qui a déjà fonctionné dans le passé, sur ce à quoi on est émotivement attaché et qui fonctionne encore pour l'instant, sans que cela ne soit nécessairement porteur d'avenir. »

LAISSEZ LIBRE COURS À VOTRE JUGEOTE !

• Qu'en est-il des partis de droite au Québec ?

CORDE 23 – NOUVELLE CORDE
L'HÉDONISME

Voilà une vieille philosophie grecque remise au goût du jour par les baby-boomers. On sait que cette doctrine fait du plaisir le but de la vie. Le poète latin Ovide l'a résumée en deux mots : *Carpe diem* ou « Profite du jour présent ».

Les uns recherchant le plaisir et les autres, le bonheur, les boomers ont commencé à faire valoir leur nombre. Ils forment un tiers de la population à la fin des années 1960 ; ils se manifestent à Woodstock dans une bacchanale monstre ou partent pour l'Inde s'initier aux philosophies indiennes.

Nous avons questionné Boomer-femme : « À 19 ans, je suis partie pour les plages de Vancouver avec deux copains, parfois couchée sur le sable, parfois dans "l'herbe"… Nous étions des milliers à écouter la même musique, à penser de la même façon, à vouloir "faire l'amour et pas la guerre". Nous étions convaincus que le Paradis existait sur terre si seulement vous éliminiez les croulants. Est-ce que depuis j'ai renié mon idéal, c'est bien ça que vous voulez savoir ? Pas tout à fait. Je suis rentrée de la côte ouest américaine parce que ma mère était malade. Première mais nécessaire concession. J'ai toujours aimé mes parents, mais pas une seule minute de ma vie je n'ai vécu ou pensé comme eux. Je suis restée une amoureuse de la liberté, de la grande fraternité humaine, ouverte à ce qui se passe dans le monde. Dans ce sens-là, je suis toujours fidèle à mon idéal. Comme tous les autres du "flower power", je ne pouvais pas passer ma vie à me faire dorer sous le soleil des plages : depuis, je travaille, j'ai un conjoint, deux enfants et un chat. »

Les boomers ont-il accompli leur révolution ? Au Québec, sans le moindre doute. Nous n'avons pas vécu un mai 68 à la française, mais deux décennies de petites « révolutions tranquilles » en vagues incessantes qui ont bouleversé nos mœurs et nos structures sociales.

Nous sommes redevables aux boomers d'avoir éliminé certaines cordes sensibles qui nous paralysaient, nous asphyxiaient depuis 150 ans.

Les Trente glorieuses aidant, les médias, dont on connaît l'appétit pour tous les plaisirs de la vie, ont multiplié les chroniques culinaires, les dégustations de vin, les rubriques modes, voyages et nouvel art de vivre seul, en couple, à trois et à quatre. Le *carpe diem* occupait toute la place.

Les Québécoises auront fortement participé à cette révolution des boomers : de la fameuse « revanche des berceaux » de leurs aïeules, elles sont passées à la « revanche des cerveaux ». Elles ont accompli leur « libération » en choisissant un mode de vie différent de celui de leurs mères. Dans dix ans, quand elles commenceront à joindre les rangs des mamie-boomers, il y a gros à parier qu'elles auront atteint la parité salariale, l'égalité des chances au travail, en politique.

L'argent a coulé à flots. Même si la parité salariale n'est toujours pas atteinte statistiquement parlant, 32 % des femmes gagnent plus que leur conjoint dans les ménages où les deux travaillent.

Comme disait un loustic, « le sexe étant une des rares choses non taxées, aussi bien en profiter ».

Les plus récents chiffres de Statistique Canada confirment l'hédonisme des Québécois : nous l'emportons sur tous les Canadiens aux chapitres de l'alimentation, des vêtements, des soins personnels, de l'alcool et du tabac.

L'hédonisme est donc une nouvelle corde, celle des baby-boomers. Le plaisir devient un principe ou le but de la vie. À la façon d'Épicure. La libération des mœurs y a-t-elle fortement contribué, ou est-ce l'inverse ? On voit des choses surprenantes. La journaliste Marie-Claude Malbœuf, dans un article de *La Presse* (11 avril 2005), révélait le très jeune âge des pédophiles du Québec : 24 % sont âgés de 14 à 20 ans et 32 % de 20 à 30 ans. On est loin de l'image du vieux libidineux qui arpente les allées du parc La Fontaine à la recherche de petits garçons en culottes courtes. Le nouvel amateur de pornographie infantile serait un internaute confirmé, qui connaît tout du clavardage et des sites Web spécialisés. Si personne ne s'inquiète, pourquoi s'inquiéter?

Préférez-vous les gens qui cherchent le bonheur ou ceux qui remplissent leur devoir?

	Québec français	Le reste du Canada
Qui cherchent le bonheur	51 %	25 %
Qui remplissent leur devoir	42 %	63 %

CORDE 24
LA JOIE DE VIVRE

«La vie serait plus supportable sans les plaisirs», disait Talleyrand. Où est-il allé chercher ça, lui qui a su profiter de la vie comme pas un?

Certains peuples semblent plus doués pour le plaisir et la fête que d'autres.

Les Québécois n'ont tout simplement pas un tempérament à se cailler le sang. Dans tous les sondages, et particulièrement ceux menés à l'échelle du pays, ils se sentent bien dans leur peau, se disent plus heureux qu'il y a cinq ans, affirment avoir réussi leur vie.

Il ne faut pas confondre joie de vivre et art de vivre; il ne faut pas confondre joie de vivre et bonheur.

Nous rions beaucoup au Québec. École nationale de l'humour, Festival Juste pour rire, humoristes à foison. Si «le rire est un instant divin», il peut aussi cacher autre chose, comme l'ennui, le vide intérieur. Bergson a dit: «Le rire corrige», mais quoi, dans notre cas? Quand tout devient incertain, le besoin de rire se fait plus pressant. On dirait.

Encore une fois, le Québec affiche ses différences: nulle part au monde, le rire n'est mieux structuré qu'ici. Avec son école, son musée, ses quelque deux cents «officiants» et un festival du rire qui présente 415 spectacles en un mois et pas un de moins, qui dit mieux?

X-homme qui, comme beaucoup de sa cohorte, possède trois diplômes, y va d'une explication savante, mais pleine de gros bon sens: «Ma mère aime bien Sol et Deschamps; elle "va au théâtre", comme elle dit. Descartes était aussi un humoriste dans son genre: il pratiquait la maïeutique. Par une série de questions et d'exemples, il faisait découvrir aux autres les travers et les vérités de la vie. Chacun se reconnaissait et se corrigeait. C'était aussi le rôle du fou du roi de souligner les errances de la cour par des mots d'esprit et des galipettes. Les humoristes ont un rôle important dans la société. Ils ne le jouent pas si leur humour se situe toujours en bas de la ceinture ou dans les pires retranchements de la vulgarité. Ils devraient posséder ce don précieux de corriger nos défauts en nous faisant rire. Plusieurs de nos humoristes sont des géants qui se prennent pour des nains.»

Plusieurs sociologues québécois ont planché sur ce phénomène de société. Certains disent que notre engouement pour l'humour provient d'un besoin de combler le vide émotif que nous a laissé la victoire du NON en 1995. Discutable, puisque les souverainistes ne sont pas les seuls amateurs d'humour au Québec!

Nos humoristes viennent de milieux populaires et s'adressent à un milieu populaire; nous avons une longue tradition de burlesque au Québec qui commence avant l'époque de La Poune et de Ti-Zoune. Le flambeau a été repris par Olivier Guimond et les prodigieuses artistes que sont Dominique Michel et «la Grand'Jaune», qui surent toujours éviter le vulgaire et la blague facile. Ce n'est pas Olivier Guimond qui aurait révélé que «sa femme pète au lit», comme l'a déclaré l'un de nos humoristes, récemment.

Sondage après sondage, les Québécois se disent plus heureux que les autres Canadiens. Cela est-il causé par leur seul optimisme légendaire? L'Écho Sondage paru dans *La Presse* (17 juin 2005) démontre que cette sensation de bonheur peut varier en fonction du revenu familial, de la nature de l'emploi, de la situation conjugale (marié ou vivant avec un conjoint), du degré de scolarisation, du statut de propriétaire ou de locataire, des loisirs et des activités sportives. Le bonheur n'est pas chose simple. Selon ce sondage, les hommes sont légèrement plus heureux que les femmes.

Si le rire est bon pour le cœur, comme le suggèrent de récentes recherches, nous pouvons sans crainte fermer l'Institut de cardiologie. Se dilater la rate pour préserver la santé est un principe aussi vieux que la médecine chinoise et auquel nous souscrivons avec ferveur. Or, paradoxalement (cet adverbe revient souvent en parlant des Québécois), «nos pharmaciens de pratique privée, dont le nombre a augmenté de 26 % au cours des dix dernières années, ont rédigé, l'an dernier, 140 millions d'ordonnances, soit 19 par Québécois (contre 12 ailleurs au Canada), pour une facture s'élevant à 4,5 milliards de dollars». Ah! Ha! comme dirait le porte-parole de Familiprix, pharmacie dont la campagne de publicité réalisée par l'agence Bos a une très forte résonance chez les hypocondriaques que nous sommes. Nous partageons avec les Français, les plus grands utilisateurs de médicaments d'Europe, cette fixation sur les caprices de notre tube digestif.

Bergson disait que «le rire corrige». Cependant, les cas de dépression touchent une personne sur neuf (surtout des femmes), et selon Statistique Canada, «nos dépenses pour des médicaments augmentent sept fois plus vite que celles consacrées à l'alimentation, à l'habillement et au logement».

Même si les Québécois se plaignent de leur manque de temps chronique et de leur *burn-out*, une voyageuse qui a vécu en Europe fait remarquer, en entrevue, que «si les Européennes ne connaissent pas le même degré de liberté que les Québécoises, elles semblent passer plus de temps avec leurs maris, leurs enfants et leurs amis. Elles prennent de longues vacances à la mer ou en montagne, vont au théâtre et au restaurant régulièrement, avec ou sans les enfants, pratiquant, en cela, un art de vivre inconnu en Amérique».

Cette corde, en publicité, aura toujours de fortes résonances. Exemples:

Si les festivals deviennent de plus en plus à la mode sur la planète, il y a longtemps que les Québécois en organisent, champions de festivals en tous genres (400 000 participants pour le Festival Western de Saint-Tite en moyenne). À un point tel que les promoteurs n'arrivent plus à s'entendre sur les dates des festivals tellement ils sont nombreux.

Ainsi, nous préférons rire aux larmes plutôt que pleurer. «Nous ne rigolons pas avec la rigolade.»

Bourvil, de Funès et Fernandel ont toujours eu la cote au Québec, tout comme comme Fridolin et Cré Basile. Les farces, les loufoqueries, le vaudeville sont très appréciés par les Québécois. Molière avant Racine. La série publicitaire la plus populaire de l'heure, *Ah! Ha!* de Familiprix, relève à la fois de la *commedia dell'arte* italienne et du *slapstick* des comiques juifs.

L'arlequin Dominique fit peindre sa devise sur la toile de son théâtre : « La comédie doit corriger les mœurs en riant. »

CORDE 25

L'AMOUR DES ENFANTS

On ne fait plus d'enfants, mais on les aime toujours. En fait, une très forte majorité de Québécoises s'inquiètent de notre faible taux de natalité.

On aime les enfants, pourtant les *Aurore, l'enfant martyre* ne manquent pas au Québec... *Qui aime bien châtie bien*, dit le proverbe.

Certains sujets sont tabous au Québec. Il y a trente ans, on ne parlait pas des enfants maltraités. Cela n'existait pas, malgré la Direction de la protection de la jeunesse. Les enfants tombaient de bicyclette, déboulaient les escaliers, se brûlaient sur les radiateurs, mais jamais ils n'étaient maltraités.

La Direction de la protection de la jeunesse (DPJ) a reçu, en 2004, 63 000 signalements; elle n'en a retenu que 29 000, dont 53 % pour négligence, 22 % pour troubles de comportements, 14 % pour agression physique, 9 % pour agression sexuelle et 1 % pour abandon. Plus de 3 000 cas de maltraitance physique furent rapportés à la DPJ en 2004 : bras cassés, brûlures, ecchymoses, morsures, et tout ce que l'on peut (ou que l'on ne peut pas) imaginer. Nous n'avons aucune donnée sur le nombre de cas de maltraitance psychologique consistant à répéter à un enfant qu'il est laid, idiot, détestable et incorrigible.

On a dit que les enfants étaient la richesse des pauvres. Faut-il que les Québécois aient été pauvres pour avoir des familles de 10 et 15 enfants ? C'était la mode à une certaine époque, et les curés voyaient à accroître leur cheptel. Un peuple a-t-il comme première obligation de se perpétuer ? On semblait le croire autrefois.

Les parents ne sont plus les mêmes. L'âge moyen des Québecois qui ont mis au monde un premier enfant en 2003 était de 29,2 ans. Il y a 25 ans, il se situait autour de 24 ans.

Les enfants ont changé également. On dirait qu'ils viennent au monde prémunis contre les vicissitudes de la vie : aujourd'hui, tous s'accordent à dire que l'enfant est un être à part entière et non un adulte en miniature. D'où les hésitations des parents à trouver leur légitimité. Mais qu'attend-on pour mettre nos culottes ?

Comme nous l'avons déjà mentionné, les Québécoises, après avoir réussi leur « revanche des berceaux », en faisant preuve pendant presque deux siècles d'une fécondité sans faille, ont décidé de passer à leur « revanche des cerveaux ». On ne peut pas tout faire en même temps.

Dans un article intitulé « Que sont nos mères devenues ? », (*La Presse*, 29 mai 2005) Jean Fugère laisse parler Micheline Lanctôt : « Le mouvement féministe n'a pas aidé les mères, dit-elle. Il les a fait beaucoup avancer dans certains domaines, mais sur le plan de la maternité, ç'a été une catastrophe. C'est très difficile aujourd'hui de gérer une société de performance et une famille. Les femmes qui veulent rester à la maison sont regardées comme si elles étaient des arriérées mentales et celles qui veulent travailler et ne veulent pas d'enfants se font regarder comme des chipies épouvantables, sans cœur. Quoi qu'elles fassent, les femmes sont mal jugées parce que notre société n'a jamais réfléchi sur ce que c'était que d'avoir des enfants. »

Y est une jeune femme de 27 ans : « Chaque année, il y a autant de mariages que de séparations et de divorces au Québec. Une curieuse de situation qui aurait tendance à donner raison au proverbe chinois : *Le mariage est comme une ville assiégée : ceux qui sont dehors veulent y entrer et ceux qui sont dedans veulent en sortir.* »

Les enfants ont pratiquement disparu de la publicité québécoise. Quand on les utilise, il s'agit, la plupart du temps, de petits sacripants qui salissent leur couche, souillent le sol de la cuisine, brisent les carreaux du salon en jouant au base-ball ou tirent la queue du chat. Somme toute, rien pour donner le goût de reproduire ces tyrans domestiques. On en voit beaucoup plus aux États-Unis, où le taux de natalité est à la hausse. Quand les publicitaires font jouer une famille dans une publicité télévisée, on voit le père, la mère et un enfant, rarement deux et jamais trois. Ils respectent la norme sociale.

Le Salon de la maternité et de la paternité continue d'attirer les foules à la Place Bonaventure. Il existe aussi une Semaine québécoise des familles. De plus, nous adoptons environ 1 000 bébés d'origine étrangère par année.

La science de la naissance est devenue très pointue: radiographies prénatales, techniques de fécondation *in vitro*, manipulations génétiques pour prévenir certaines maladies...

En 2002, le nombre d'avortements pratiqués était de 29 140, un sommet de tous les temps et un record canadien. Sans mettre en cause les collectifs pour le libre choix, on peut se demander si nous voulons absolument conserver ce record. Sommes-nous devant un nouveau mode d'anticonception? Les femmes doivent-elles perdre leurs chances de promotion, des augmentations de salaire parce qu'elles sont enceintes? Les employeurs portent-ils une part du blâme?

Interviewé à l'émission *Indicatif présent* (7 avril 2005) par Marie-France Bazzo, le journaliste Michel Arsenault commente le taux de natalité des Italiens qui, à 1,2 enfant par famille, est l'un des plus bas au monde. Le Québec suit avec un taux de 1,6 enfant par famille. Quand on sait qu'il faut en moyenne 2,1 enfants par famille pour permettre à une population non pas de croître, mais de se maintenir en vie...

Les gouvernements ont beau multiplier les aides pro-famille, le taux de natalité québécois reste morose. Congés parentaux, allocations familiales, programmes de conciliation travail-famille, prestations de maternité et de paternité, prestations parentales, allocations pour enfants malades, crédit d'impôt pour enfants à charge, crédit d'impôt pour les entreprises favorisant la conciliation travail-famille, soutien aux familles monoparentales, crédit sur les taxes à la consommation par couple et par enfant, crédit d'impôt couvrant 30 % des traitements d'infertilité, et tant d'autres auxquels il faut ajouter les 310 centres de la petite enfance à 7 $ et leurs quelque 7 800 employés. Mais rien n'y fait.

La facture des congés parentaux, que se partagent le Québec et Ottawa, dépasse le milliard de dollars. *Grosso modo*, les mères peuvent bénéficier de 40 semaines de congé tout en touchant

75 % de leur salaire ; les pères, de 3 semaines, en touchant également 75 % de leur salaire.

Vieillir n'a jamais été très bon pour la santé…

Comme au Québec, la population italienne vieillit, et qui dit vieillissement de la population dit faible taux de natalité. Certains des facteurs culturels qui ont entraîné la chute subite des naissances au pays du bel canto sont semblables aux nôtres, notamment la cherté de la vie, l'intérêt mitigé des femmes envers la religion, et surtout le degré d'éducation. Plus une femme est instruite, moins elle aura d'enfants. Cet axiome se confirme dans les pays du tiers-monde. Comme on sait que les Québécoises sont en grande majorité sur les bancs des collèges et des universités, l'état de notre taux de natalité n'est pas près de changer.

Le très écouté démographe Jacques Henripin, dans son récent essai *Pour une politique de population*[35], n'est pas loin de prêcher une politique nataliste ouverte : « N'ayons pas peur du mot "natalisme", écrit-il. Il faut être bien craintif pour frémir devant ce terme qui n'a de malicieux que ce qu'on lui prête, fort arbitrairement d'ailleurs. Appliqué à une action des pouvoirs publics, il signifie que ces derniers essaient de hausser la natalité. » Plus loin : « Il serait sage, si l'on désire stabiliser le nombre d'habitants, de jouer sur les deux fronts : la descendance de deux ou trois dixièmes d'enfant par femme, et accueillir de 30 000 à 40 000 immigrants annuellement. »

Un sociologue a dit : « Une nation est un corps transhistorique qui a pour mission de se perpétuer. »

Ne nous cachons pas la tête dans le sable. Les démographes sont formels : les décès ne diminueront pas, et si les naissances continuent de décroître, nous atteindrons le point d'équilibre vers 2015. La population francophone du Québec sera en voie d'extinction. L'organisation Wild Life pourrait déclarer les Québécois « espèce menacée ».

L'accroissement de la population québécoise par migration nette est donc devenu plus important que l'accroissement naturel : elle est d'environ 30 000 personnes annuellement.

Serions-nous plus heureux si nous étions 12 millions de francophones au Québec au lieu de 6 ? Pas forcément, mais notre pouvoir de négociation augmenterait d'autant.

---

35. Jacques Henripin. *Pour une politique de population*, Montréal, Les Éditions Varia, 2004, 121 p.

Le nombre d'écoles primaires et secondaires est en baisse depuis 1980 au Québec. L'an dernier, 15 écoles ont fermé leur porte; le chiffre fatal – le nombre d'élèves minimum requis pour garder une école ouverte – est de 225. Y aura-t-il bientôt trop de cégeps?

L'écrivaine Dominique Demers fournit cette belle conclusion: «L'enfant québécois est peut-être et surtout délicieusement unique. Aussi libre que les petits Américains, il grandit dans un univers où la paix, la créativité, l'éloge de la différence et la convivialité sont davantage promus. Plus enfant-adulte que ses petits cousins européens, il court plus de risques, mais il est peut-être aussi davantage porteur d'espoir.»

Le Québec connaît le plus bas taux de natalité de son histoire. Cela vous inquiète-t-il?

Oui	55 %
Non	44 %
Ne sait pas	1 %

Source: Sondage Omnibus – Léger Marketing (2006)

CORDE 26

LE BESOIN DE PARAÎTRE

« En cette colonie française du Saint-Laurent, écrivait le voyageur R.-L. Seguin, paysans et artisans consacrent des sommes rondelettes à leur garde-robe. On y trouve des pièces vestimentaires qui ne sont réservées en Europe qu'aux bourgeois et aux petits gentilshommes. Tels, par exemple, le rhingrave, le canon et la bourse à cheveux. Sauf exception, les tissus sont importés de France [...] et le port d'habits d'origine étrangère est aussi courant en Nouvelle qu'en Ancienne France. Le port de la barbe et des moustaches y est généralisé et on attache un soin infini au système capillaire. »

Autre observateur de la même époque, Kalm reproche aux jeunes filles de Montréal « d'avoir trop bonne opinion d'elles-mêmes et [d'être] blâmables pour leur coquetterie, leur amour de la toilette et leur trop grand désir de plaire ».

Statistique Canada confirme, encore une fois cette année, que se sont les Québécois qui dépensent le plus pour leurs vêtements au Canada. Voici quelques « articles de parure » où nous sommes les champions incontestés : perruques et toupets, manteaux de fourrure et de cuir, bas-culottes (inventés au Québec, comme chacun le sait), parfums importés, prêt-à-porter, bijoux (bracelets-montres exceptés), jeans à taille basse, bikinis, vêtements de base et strings exotiques.

Le vocabulaire québécois est riche en expressions qui touchent cette corde : étrenner, aimer la « vêture », être endimanché, « swell », fière-pette, sur son 36 (et non sur son 31).

Ce ne sont pas les Québécois qui auraient l'air de sortir d'une essoreuse.

Et certainement pas Boomer-femme, qui nous fait ces confidences : « Le féminisme n'a pas mis fin à la féminité, que je sache. J'aime me sentir belle, j'aime que l'on remarque ma nouvelle robe, mes nouvelles chaussures. J'ai une amie adorable qui me dit souvent que je ne fais pas mon âge. Ça fait toujours plaisir. Votre question demande de préciser si je lis des magazines de beauté et combien je dépense par mois pour mes produits d'hygiène personnelle. Je lis régulièrement des revues de mode et de santé ; mes dépenses en soins personnels doivent se situer autour de 300 $ par mois, un peu plus en vacances où je prends des programmes. Oui, environ 300 $. Cela comprend mes produits de beauté et mes produits personnels, la coiffeuse, mes crèmes solaires, antirides, démaquillantes et le reste. Je passe environ une heure par jour à me dorloter. Comme ça, je pense éviter la chirurgie esthétique et le Botox, même si je ne suis pas contre ceux qui y ont recours. Pourquoi se laisser vieillir comme un vieux sac à patates ? Dieu a créé la femme pour qu'elle soit la plus belle possible tant pour les autres que pour elle-même, et je ne veux pas Le décevoir. »

À ce besoin de se pavaner, ajoutons celui de se différencier des autres. Nous aimons nos différences et nous les cultivons.

Le tatouage et le piercing sont particulièrement en vogue au Québec chez les 15 à 40 ans, et les parties les plus intimes du corps ne sont pas épargnées. Les comptoirs de produits de beauté pour hommes ne sont pas uniques au Québec mais, selon Statistique Canada, ils sont les plus achalandés au pays. « Un garçon affable et portant beau », comme on disait à l'époque du *Survenant*. Quant aux salons de beauté pour femmes, et selon les mêmes sources, ils sont toujours, *per capita*, les plus nombreux au pays.

On confond trop facilement le féminisme et la coquetterie – et la publicité exagère parfois.

Les mouvements féminins s'insurgent contre la publicité de l'industrie des produits de beauté qui promet aux femmes une jeunesse éternelle grâce à leurs antirides miracles et crèmes de nuit « capables de faire disparaître du temps l'irréparable outrage ». Dans la même revue, bourrée de telles annonces, un article promet aux femmes un teint de rose et une taille de guêpe si elles font chaque jour un peu d'exercice et éduquent leur fourchette. Mais rien n'y fait. Les grands magasins réservent leur espace le plus prisé, l'entrée principale, à l'étalage de produits de beauté que de jeunes dames, maquillées pour aller au bal (dès neuf heures le matin), vendront, tout sourire, à leurs proies.

Les Québécoises, capables de mille coquetteries et de mille frivolités qu'elles cultivent à l'aide de mille petits pinceaux et autant de crèmes miracles – qui ne sont jamais que de la graisse de bœuf savamment malaxée et qui coûtent la peau du dos –, sont les plus belles femmes au monde.

Paradoxalement, malgré tous nos efforts pour «bien paraître», nos relations interpersonnelles, nos face à face, diminuent au rythme de nos communications par téléphones portables. Denise Bombardier, dans une de ses chroniques (*Le Devoir*, 17 avril 2005), met le doigt sur le bobo: «Cette coupure du corps et de l'esprit se trouve au cœur de l'angoisse moderne. La multiplication des instituts de massage, des cours de gymnastique en tous genres, ces expressions d'une nouvelle liturgie autour du corps glorifié, soigné, cajolé, entraîné, ne nous renvoient-elles pas à cette difficulté de composer avec l'autre dans sa totalité, corps, esprit et cœur réunis?»

Être chic

	Québec	Le reste du Canada
C'est important dans la vie d'être chic et à la mode	45 %	29 %

Source: Léger Marketing

LE TALENT ARTISTIQUE

Talent artistique et créativité vont de pair.

Lors de la Soirée des Génie, l'an dernier à Toronto (dont nos Jutra sont le pendant québécois), les films et les vedettes québécoises ont fait une razzia de quoi embarrasser sérieusement les anglophones. Il est vrai que les films canadiens-anglais en lice n'avaient pas de quoi se taper les cuisses : ils font libéralement appel aux coproductions et aux talents étrangers.

C'est bien dommage que la traduction revienne en publicité, alors que nous avons un bassin de talents aussi riches que diversifiés.

Dans son livre *The Rise of the Creative Class*[36], Richard Florida, un Américain, écrit (traduction) : « La créativité de Montréal demeure un des secrets les mieux gardés de l'Amérique du Nord. Le secteur de la création compte pour plus de 30 % des forces vives et de l'emploi de la ville, et se répartit aussi bien dans les innovations technologiques que les créations artistiques. »

Plusieurs productions à grand déploiement, fresques historiques ou légendes fantastiques, sont désormais l'apanage de plusieurs régions du Québec, de l'Abitibi à l'Estrie : certaines attirent jusqu'à 50 000 spectateurs.

C'est à se demander comment une telle pléthore de spectacles arrive à trouver preneur dans un bassin de spectateurs francophones tout de même restreint. Le sport-spectacle, par exemple, souffre de notre fibre artistique : les Expos ont disparu, faute de « joueurs » dans les estrades ; 52 % des Québécois ne regardent jamais le hockey à la télévision, 2 % seulement

---

36. Richard Florida. *The Rise of the Creative Class*, Basic Books, 2002, 350 p.

regardent toutes les parties. La grève des joueurs de la Ligue nationale de hockey ne semble avoir dérangé que les commentateurs sportifs; les longues soirées d'hiver sans les Canadiens n'ont pas amélioré la courbe de natalité, contrairement à ce qu'avait prédit un joueur de l'équipe.

STATISTIQUES SUR LES ARTS DE LA SCÈNE AU QUÉBEC EN 2004

Toutes représentations payantes confondues :
6,98 M $ d'entrées

Total des représentations :
16 138 dans 502 salles répertoriées

Vente de billets au total :
182,4 M $ ventilés comme suit :

Variété et humour	37,7 %
Chanson	33,5 %
Théâtre	16,6 %
Musique	8,9 %
Danse	2,4 %

Source : l'Observatoire de la culture et des communications – ISQ

Participation à divers événements culturels en 2004

Événements	Nombre de spectateurs
Le Festival international de jazz de Montréal	2 millions
Le Festival Juste pour rire	1,7 million
Les FrancoFolies	814 000
Montréal en lumière	714 000

Source : Chambre de commerce du Montréal métropolitain

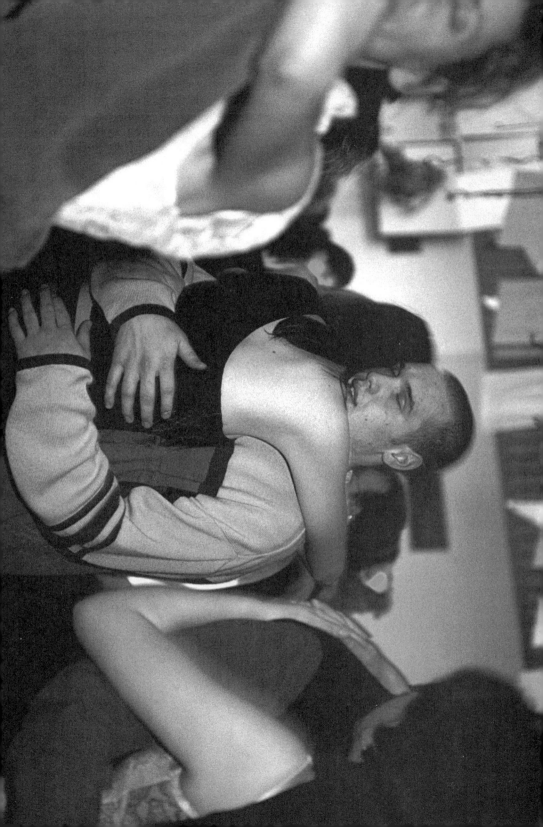

CORDE 28
LA SENTIMENTALITÉ

Selon une certaine ligne de pensée, nous agirions « plus par sentiment que par réflexion ». Les participants à la table ronde devaient commenter spontanément cette réflexion. Un panéliste de la génération X approuve et cite l'idée reçue que nous votons toujours avec notre cœur, jamais avec notre tête. Un autre de la génération des baby-boomers nous écrit que nous sommes en porte-à-faux, pour ne pas dire en parfaite contradiction avec la corde 31, le cartésianisme.

En effet, cela semble paradoxal. Pourtant, ce n'est pas la seule contradiction que révèle le présent essai. Les Québécois adorent se diviser en deux, comme le démontrent souvent les sondages. Le dernier exemple serait le référendum de 1995. Il serait tentant de se sortir de cette impasse en supposant que 50 % des électeurs ont voté OUI en agissant émotivement, et que les autres, agissant cérébralement (de façon cartésienne, corde 31), ont voté NON. C'est peut-être pousser le bouchon un peu loin, mais n'oublions pas que l'âme québécoise provient de six racines qui sont souvent en contradiction les unes avec les autres. Si l'on se fie à deux de nos racines, nous serions les seuls latins nordiques au monde.

La Rochefoucauld avait pensé nous mettre en garde : « Nous serons toujours héros et victimes de nos sentiments qui, malgré tout, sont le sel du monde. » La sentimentalité fait souvent de nous des rêveurs : plus regrettable que de rater ses rêves est de ne pas en avoir.

Cette corde contient également certaines manifestations d'émotivité et de sensibilité, mais nous semblons avoir perdu les épanchements d'un romanesque exagéré. Exception faite pour *Aurore, l'enfant martyre*. À la sortie du film au cinéma, selon un chroniqueur des salles obscures, « les gens pleuraient jusque sur le trottoir. Ça sortait de tous les coins du mouchoir. »

On se rencontre sur Internet : l'offre et la demande ne manquent pas. On se fait la cour par transmission de courriels, et parfois même, ces relations virtuelles aboutissent au mariage. En 2003, 21 145 mariages (issus ou non de « cyber-rencontres ») ont eu lieu au Québec. On a également dénombré 16 738 divorces, sans compter les séparations. Les seconds mariages, la plupart des couples ayant déjà des enfants, semblent les plus stables. Selon Statistique Canada, 38,3 % des couples canadiens auront divorcé après 30 ans d'union ; ce taux grimpe à 49,7 % au Québec. Puisque les divorces heureux sont rares, on peut imaginer la vallée de larmes qu'ils alimentent.

Il devient difficile pour des nouveaux mariés de savoir s'ils s'embarquent pour Cythère ou sur le radeau de la Méduse.

X-femme s'étonne : « Il y a une certaine nostalgie dans le cœur des Québécois qui nous vient de notre passé : la fin du Régime français, la déportation des Acadiens et Évangéline, "un Canadien errant banni de ses foyers", un folklore larmoyant. Nous avons la larme facile. Les champions sont les péquistes : qu'ils perdent ou gagnent leurs élections, vous les verrez pleurer comme des fontaines à la télévision. Ils ne peuvent pas s'en empêcher. Ils sont aussi fleur bleue que leur drapeau. Peut-être ont-ils l'âme plus sensible et délicate que les libéraux ? »

Qu'ils soient Francœur, Letendre, Latendresse, Saint-Amant, Lamoureux, Jolicœur, Sanschagrin ou Sansregret, les Québécois carburent souvent à l'émotion pure. Ils auront tous, à un moment donné de leur vie, le cœur brisé, réjoui, remué, serré, réchauffé, fendu, enflammé. Ne nous trompons pas : l'amour se porte bien au Québec.

Mais les Québécois ont-ils le cœur à la bonne place ? Selon Statistique Canada, les dons de charité effectués en 2004 se chiffrent à 6 922 616 $ au Canada et à 680 272 $ au Québec. On sait ainsi que les Québécois sont les citoyens les plus taxés et les plus bureaucratisés d'Amérique du Nord et que Québec est le seul gouvernement à imposer une taxe spéciale pour alimenter un fonds de lutte contre la pauvreté. Par contre,

54 % des Québécois font du bénévolat, presque autant que le pourcentage de l'ensemble des Canadiens qui s'élève à 59 %. (Léger Marketing)

Pour en revenir à l'amour, on peut estimer que 40 % des chansons que nous entendons à la radio parlent d'amour ou de ruptures amoureuses.

Il existe au Québec des centaines de Tristan et Yseult, de Roméo et Juliette ; comme Proust, ils peuvent dire : « J'appelle ici amour une torture réciproque », ou encore se lamenter avec Racine :

Ils s'aiment ! Ah ! douleur non encore éprouvée !
À quel nouveau tourment je me suis réservée !
Tout ce que j'ai souffert, mes craintes, mes transports,
La fureur de mes feux, l'horreur de mes remords,
Et d'un cruel refus l'insupportable injure,
N'étaient qu'un faible essai des tourments que j'endure[37] !

« Les femmes sont faites pour être mariées et les hommes pour être célibataires. De là vient tout le mal », disait Sacha Guitry.

L'amour fait souvent pleurer au Québec, ce qui mène parfois au drame : en 1994, un homicide sur six dont on a trouvé l'auteur a été perpétré par le conjoint (mari ou femme, conjoint ou conjointe de fait, conjoint ou conjointe séparé(e) ou divorcé(e)), les trois quarts des victimes étant des femmes[38]. Au Canada, entre 1999 et 2004, Statistique Canada fait état de 653 femmes et 546 hommes ayant subi les foudres de leur partenaire ou ex-partenaire.

Henri Lavedan a écrit : « La sentimentalité ne fait que des dupes et la passion, des victimes. »

Mais Jean d'Ormesson écrivait dans le *Figaro* : « S'il n'y avait pas de sentimentalité, il n'y aurait ni romans, ni tragédies, ni littérature, ni opéras. Il n'y aurait plus d'histoire, dans tous les sens du mot. Il n'y aurait presque plus rien du tout. Et on s'ennuierait à mourir. Autant que Dieu, l'intelligence, le devoir, ou le sacrifice, autant que la vertu, qui n'a de prix que parce qu'il est possible de s'en écarter, la sentimentalité donne un sens à la vie. »

---

37. Jean Racine, *Phèdre*, acte IV, scène VI, Phèdre et Œnone.
38. Centre canadien de la statistique juridique, « L'homicide au Canada ». *Juristat*, vol. 15, n° 11, 1994.

Sommes-nous fidèles?

	Hommes	Femmes
Avez-vous déjà trompé votre conjoint(e)?	Oui 20%	Oui 9%
Avez-vous déjà été tenté de tromper votre conjoint(e)?	Oui 49%	Oui 34%

Source: Léger Marketing

LAISSEZ LIBRE COURS À VOTRE JUGEOTE!

• Au Québec, nous vivons trop d'émotions qui ne nous arrivent jamais. La télé, l'émotion vécue par procuration.
• Selon une enquête de Statistique Canada, 1,8% des hommes et 1,5% des femmes se déclareraient homosexuels ou bisexuels. Le lobby gay, qui se réfère au célèbre rapport Kingsey[1] sur le comportement sexuel des Américains, parle plutôt de 10% de la population.

---

1. Alfred Kingsey. *Le rapport Kingsey*, Université de l'Indiana, 1948.

CORDE 29
L'INSTINCTIVITÉ

Au Québec, nous fondons trop de choses sur le sentiment ou l'intuition, et non sur la raison. Nous formons autour d'une personne ou d'une idée une série de croyances absolues que nous décrétons indiscutables, mais qui ne se fondent sur aucun élément de réalité ou d'objectivité.

Les plus futés objecteront que l'on ne peut être à la fois instinctifs par cette corde et cartésiens par la corde 31. Remarquons qu'il s'agit de cordes qui proviennent de deux racines différentes. Nous avons déjà admis que cette multiplicité pouvait entremêler nos racines au point de rendre le Québécois paradoxal. On pourrait en citer plusieurs exemples.

Les Français, qui ont fait de Descartes leur premier maître à penser, auraient dû, rationnellement, voter OUI lors du dernier référendum sur la constitution européenne. Ils ont voté NON instinctivement et, selon plusieurs d'entre eux, par instinct de survie. Pour le reste du monde, ce vote peut paraître paradoxal. Il est vrai que, lors d'un référendum, si le parti au pouvoir n'est pas populaire, il affaiblit d'autant l'option qu'il défend.

Ce même instinct de survie des Français pourrait expliquer bien des résultats d'élections au Québec. Il pourrait s'agir de la fameuse *sympathie divinatrice*[39] de Bergson, «une de ces dispositions acquises qui se sont constituées dans chaque espèce au cours des temps et y ont été conservées parce qu'elles servaient les individus et leur descendance». On ne peut mieux dire.

L'instinctivité s'apparente à l'inspiration «sans réflexion» des artistes, la corde 27, le talent artistique; elle englobe les

---

39. Henri Bergson. *L'évolution créatrice*, coll. «Quadrige», Paris, PUF, [1962] 2003, 375 p.

pressentiments, une manie tellement québécoise ; elle peut aller jusqu'à la sensiblerie qui nous fait pleurer « quand le film est triste » ; elle nous fait parler du cœur plus souvent qu'à notre tour, comme le prouve notre histoire.

LE CHAUVINISME

Chauvin : Qui manifeste une admiration exclusive pour son pays, un patriotisme belliqueux et agressif.

Nous devrions ce mot, synonyme de patriotisme exalté et passionné, à un brave soldat de la République française, Nicolas Chauvin. Des centaines de soldats nommés Chauvin ont depuis réclamé la paternité du mot. Ah ! ces Français !

Le chauvinisme de nos cousins est proverbial. Les descriptions des rencontres sportives à la radio et à la télévision françaises nous permettent de vérifier cette affirmation ; ainsi, si un coureur cycliste tricolore arrive dernier, « c'est la faute d'un vent contraire », comme si ce vent ne soufflait pas sur tous les coureurs en même temps. Au soccer, l'équipe nationale ne perd jamais : 2 à 3 pour les Italiens, mais comme les Français on touché deux poteaux, cela donne bien 4 à 3.

De même, au Québec, les champions incontestés du chauvinisme sont nos commentateurs sportifs. Écoutez-les. Jacques Villeneuve ne perd jamais une course : sa voiture a eu des ratés, un concurrent l'a accrochée, son réservoir s'est vidé trop vite. Attendez la prochaine course, vous allez voir ce que vous allez voir. Et si José Théodore a laissé filer quatre rondelles dans ses buts hier soir, il ne s'agit que de un million de dollars la rondelle. Il y avait droit, c'est le gardien de but le mieux payé de la ligue. Attendez la prochaine partie, vous allez voir ce que vous allez voir.

Au Québec, les commentateurs sportifs sont les plus chauvins. Ils n'ont jamais de mots assez élogieux pour expliquer une piètre performance de Jacques Villeneuve, la cinquième défaite consécutive des Canadiens et les frasques de Théo.

En publicité, le chauvinisme est une corde sensible que l'on ne pince pas sans danger de rebondissement.

Cette corde fait de nous des mauvais perdants. Depuis quelques années, les incidents se multiplient dans nos arénas où des parents de jeunes joueurs de hockey, en désaccord avec l'arbitre, veulent lui « casser la gueule ». C'est ce qui s'est produit récemment en Mauricie, à Baie-Saint-Paul et dans Hochelaga-Maisonneuve. Des réactions aussi primitives et spontanées inquiètent les arbitres à un point tel que plus personne ne veut juger les joutes des Pee-wee et des Bantam. Sans parler de tous les noms d'oiseaux dont on affuble les pauvres arbitres qui se voient parfois menacés par les bouteilles de bière, les « claques » (caoutchoucs) et même les sièges amovibles des bancs de certains arénas !

Il s'agit d'un vieil atavisme qui vient tout droit de la structure paroissiale qui nous a dominés pendant des siècles.

Quelques définitions qui s'y rattachent :

Ethnocentrisme : Tendance à valoriser la manière de penser de son groupe social, de son pays, et à l'étendre abusivement à la compréhension des autres sociétés.

Ethnologie : Étude des sociétés.

On a fait remarquer que la ville de Québec, capitale nationale, ne parviendrait pas à attirer des immigrants, encore moins à les retenir. Il ne faudrait pas attribuer cette situation au maire Jean-Paul Lallier, un universaliste convaincu.

Y-femme, qui est née à Pont-Rouge, explique : « Les gens de la ville de Québec ont toujours passé pour les plus grands chauvins de la province, pourtant je doute qu'ils le soient plus qu'ailleurs. Ils sont tricotés serré, très homogènes, majoritairement unilingues [francophones]. Cela crée une espèce de barrière psychologique pour les immigrants qui, venus en Amérique, se retrouvent tout à coup en Nouvelle-France. Un Noir ou un Asiatique est plus visible à Québec qu'à Montréal, alors qu'il y a longtemps que les touristes américains font partie du paysage. »

L'anglophobie, encore pratiquée par la Société Saint-Jean-Baptiste, est pour nous une forme de xénophobie.

Il y a une forte marge entre racisme, xénophobie, chauvinisme et anglophobie. À une époque heureusement révolue, le Québec d'Adrien Arcand et de Lionel Groulx tendait vers un certain racisme d'extrême droite qui pourrait s'apparenter aux positions de Jean-Marie Le Pen en France. Depuis l'Exposition universelle de 1967, ces sentiments ont commencé à s'estomper dans notre population. (On devra, entre autres choses, cette nouvelle largeur d'esprit à notre bon maire Jean Drapeau.) Il y a bien eu quelques insinuations d'hommes politiques sur le vote ethnique, après les résultats des référendums, mais elles furent vite réprimées.

Le projet de Jean Charest de financer intégralement les écoles juives s'est heurté à un tollé de protestations, non par antisémitisme, mais au nom de la sauvegarde du principe de laïcité, principe désormais cher à une grande majorité de Québécois. Il ne faut plus mêler religion et éducation. Les juifs jouissent d'un niveau de vie très élevé au Québec. On peut comprendre que les ligues antidiffamatoires juives soient pointilleuses, mais il reste que si l'on dit *Heureux comme un Juif* en France, on pourrait aussi le dire au Québec.

Sondage Léger Marketing (avril 2005) pour la Commission scolaire de Montréal :
Les parents montréalais sont prêts à accueillir l'école laïque dans la mesure où elle transmet des connaissances sur les grandes religions.
- 72 % des parents estiment qu'il appartient aux parents et au clergé de transmettre la foi ;
- 64 % d'entre eux croient que le gouvernement devrait remplacer le programme actuel par un cours d'éducation religieuse ;
- 47 % des parents souhaitent que l'école de leurs enfants dispense l'enseignement de connaissances générales sur les différentes religions.

Le fait de compliquer la vie des travailleurs qualifiés formés à l'étranger ne relève pas autant de la xénophobie que de notre chauvinisme et des excès d'un corporatisme à courte vue. Les médecins, pharmaciens, ingénieurs, chimistes et travailleurs spécialisés de la construction souvent très qualifiés qui arrivent à nos frontières vont devoir surmonter des difficultés inouïes avant de gagner leur vie chez nous. Refoulés au Québec, qui ne voit pas l'intérêt de leur faciliter la tâche, ils passent en Ontario ou aux États-Unis, où ils sont accueillis à bras ouverts.

X-femme range le corporatisme québécois parmi les manifestations de notre ethnocentrisme : « Vous voulez un exemple ? Le Québec est une terre de corporatisme désuet qui remonte au XVIᵉ siècle français. Rien n'est plus élitiste, autocratique et fermé que nos grandes professions. Paraît que l'on manque de médecins au Québec. Pourtant, un médecin étranger qui veut être accrédité chez nous doit s'armer de patience. Je connais très bien le cas d'un médecin espagnol, reconnu depuis dix ans dans son pays où il dirigeait une clinique de sept professionnels. Immigré ici avec sa famille, il a dû débourser 15 000 $ pour assumer les coûts de trois examens et encore 6 000 $ pour être admis comme stagiaire dans un hôpital, avant de pouvoir pratiquer pour de bon dans une région désignée par le Collège des médecins. J'oubliais : il a aussi passé des examens de français, de déontologie médicale et de droit. Et il peut se considérer comme chanceux, car un médecin étranger sur deux réussit ce parcours de combattant qui peut durer des années. Les corporations professionnelles québécoises donnent souvent l'impression qu'elles cherchent plus à se protéger qu'à se développer. C'est une manifestation de notre chauvinisme érigé en système, pour ne pas dire de notre xénophobie. »

Les gangs de rue font partie des problèmes auxquels on associe les jeunes issus de minorités ethniques. Est également très répandue l'idée préconçue selon laquelle le taux de chômage serait deux fois plus élevé chez les jeunes Noirs (immigrants de première génération) que chez les jeunes Blancs.

Y a là-dessus des idées bien personnelles : « Les jeunes Noirs transposent au Québec des modèles de banlieues américaines : gangs de rue, attaques dans le métro, rap revendicateur, drogue, prostitution. Ça ne nous les rend pas très sympathiques. On voit rarement ça chez les jeunes Chinois, Sikhs et même chez les Beurs, qui sont pourtant étiquetés comme délinquants en France. Allez comprendre ! Au Québec, les jeunes Noirs désireux de poursuivre leurs études collégiales et universitaires ont autant de chances que les autres, et plusieurs le prouvent. D'un autre côté, on dirait que certains sont dans un mauvais moule et qu'ils n'arrivent plus à en sortir, même qu'ils le reproduisent. Le problème, c'est que plus on les marginalise, plus ils protestent, et plus ils protestent, plus on les marginalise. »

Dans ce sens, écoutez ce que psalmodie le rappeur Luck Mervil : « Je ne prône pas la violence mais la violence me prône. Je cultive la parole pourtant le silence me stone. Je vis pour apprendre à mourir. Mais je sais bien que certains préfèrent mourir que d'apprendre à vivre. *Get up, stand up! Stand up for your rights! Don't give up the fight.* Révolution de la raison. Pour l'évolution de la nation[40]. »

Si vous vous retrouvez aux urgences, allez-vous refuser de vous faire soigner par un médecin noir, juif ou autre ? Allons donc !

Notre attitude vis-à-vis des Autochtones n'était pas dépourvue de xénophobie, pour ne pas dire de racisme. Les films d'Alanis Obomsawin, documentariste récompensée par le Festival international des films de femmes de Créteil, nous en convainquent facilement : mépris, abus de droit, hystérie coercitive, quolibets furent le lot de ceux qui, selon l'expression populaire du temps, apportaient les bébés à nos mères au siècle dernier. Les Premières Nations étaient là avant nous : elles ont droit à leur identité, à leur langue, à leurs droits coutumiers, aux choses que les Québécois ont longtemps réclamées pour eux-mêmes. Ce qui ne les absout pas de la justice commune de toutes les minorités du Québec.

LAISSEZ LIBRE COURS À VOTRE JUGEOTE !

• Les petits Chinois qui parlent avec l'accent québécois.
• Les Montréalais malaxés par les immigrants.
• Les tribunaux rabbiniques juifs existent pour les divorces et pour les conflits entre juifs. Où est la justice commune ? Aussi bien avoir des tribunaux islamiques.

---

40. *Révolution*, paroles de Luck Mervil, album *Pour le meilleur et pour le pire*, 1998.

LE CARTÉSIANISME

Le cartésianisme est aux Français ce que le pragmatisme est aux Anglo-Saxons. Descartes est le philosophe préféré des Français qui se disent, se veulent et s'affirment cartésiens. Selon lui, l'évidence est le seul critère de la vérité, et l'auteur de cette philosophie devient le chouchou des Français qui, selon leurs dires, ont tous lu *Le discours de la méthode*.

Duplessis avait tout compris de cette corde : « Pourquoi c'est vrai ? Parce que c'est moi qui vous le dis ! » En d'autres mots : *Je pense, donc je suis*.

Nos vieux marxistes repentis, faute de pouvoir taper sur le capitalisme, s'attaquent au mondialisme. C'est logique. Défaut ou qualité, ces collusions idéologiques, ces guerres des « ismes » entretenues par ceux qui font métier de penser, donnent aux Québécois une vitalité spirituelle que ne connaissent pas les autres Canadiens. Nous sommes des « astineux », comme on disait autrefois, obstinés par nos propres idées.

Selon un haut fonctionnaire, le projet de fusion des villes de l'île de Montréal aurait donné lieu à pas moins de cent trois études et projets majeurs ; le projet de défusion fut moins cartésien, et les mauvaises langues ont conclu que les Anglo-Québécois, pour une fois, avaient fait preuve de sentimentalité.

Aînée-femme ne se dit pas cartésienne. Pourtant, elle possède toutes les caractéristiques de la corde : « Non, je ne planifie pas toujours. J'ai des listes pour me rappeler ce que j'ai à faire dans la semaine, pas plus. J'ai planifié ma retraite pour dans quatre ans, mais ça, tout le monde le fait. Je me remets en cause un peu trop souvent à mon goût : je me demande si je ne pourrais faire plus pour mes amis, mes parents, si je perds du temps à ne rien faire. Un petit examen de conscience de temps en temps, c'est utile pour ne pas rater sa vie. Bien sûr que je planifie mes vacances. Partiriez-vous pour Moscou sans tout lire sur la ville? Ce n'est pas du cartésianisme, c'est du gros bon sens.»

Monter une grille comme les *36 cordes* prouve une certaine tendance au cartésianisme.

Un exemple éloquent de cartésianisme nous est donné en mars 2006 par la Société de l'assurance automobile du Québec. Comme veut nous le démontrer notre panéliste Aîné-homme, avoir toujours raison ne signifie pas que nous n'avons jamais tort. Il nous soumet cet exemple: «La Société d'assurance automobile du Québec, la SAAQ, décidait, en mars 2006, d'augmenter, et dans certains cas de doubler, le prix de ses services, permis, frais d'immatriculation. On sait qu'en matière d'automobile, les Québécois ont eu tendance depuis dix ans à laisser tomber leurs gros carrosses pour des voitures compactes et sous-compactes. S'agit-il d'un sursaut de leur conscience écologique? En ont-ils assez de dépenser leurs derniers sous pour les paiements de leurs voitures luxueuses? Qu'importe: ils ont raison dans les deux cas. Suivant une logique implacable, notre SAAQ a pensé imposer une surprime aux petites voitures "parce qu'elles sont moins sécuritaires"; elles coûteraient plus cher à remettre sur la route, elles causeraient plus de blessés et de morts que le Hummer qu'elles risquent de rencontrer nez à nez. Logique incontournable. La catégorie des petites voitures, la plus populaire, est celle qu'il faut dépecer en premier. C'est logique, il fallait y penser. Les Québécois sont des cartésiens, n'en doutez pas.»

CORDE 32
L'INDIVIDUALISME

Chacun défend son bout de gras.

Cette corde se perpétue, nourrie d'une nouvelle sève que l'on doit aux boomers et à leur égoïsme légendaire. Et elle vient de loin. Montcalm aurait déclaré que le peuple « a un grand esprit d'indépendance, et ne connaît ni règle ni règlement ». Hocquart, en 1736, écrivait: «Ils sont communément assez souples lorsqu'on les pique d'honneur et les gouverne avec justice, mais ils sont naturellement des individus indociles […] ils font de bons maîtres et de mauvais serviteurs. »

À la blague, quelqu'un a déjà suggéré de changer le *Je me souviens* de nos plaques d'immatriculation par « J'veux rien savoir! » On doit à cette corde de l'individualisme notre manie d'ériger des clôtures ou des haies, tant à la campagne qu'en ville. «En ville, selon Everett C. Hugues[41], les nombreux escaliers extérieurs en forme de tire-bouchon témoignent d'un haut degré d'indépendance: ainsi personne n'a à partager un hall d'entrée commun et l'hiver chacun peut déneiger son propre escalier[42]. » Il n'est pas rare de voir des immeubles, duplex ou triplex, dont les balcons sont peints de couleurs différentes pour marquer l'individualité des propriétaires.

Les Québécois continuent de se distinguer par leur manque de générosité.

Voilà que le Mouvement Desjardins met fin à sa longue tradition de bénévolat coopératif en acceptant de verser une

---

41. Everett Cherrington Hughes (1897-1983) est l'un des principaux représentants de la pensée sociologique de l'École de Chicago, un courant apparu au début du XXe siècle aux États-Unis.
42. Everett C. Hugues. *French Canada in Transition*, Chicago, Ill., University of Chicago Press, 1943, 227 p.

rémunération aux membres du conseil d'administration des Caisses pop. Cela coûtera 7 millions de dollars par année. On en perd son «pop-sac-à-vie-sau-sec-fi-co-pin». Hélène Baril précise, dans *La Presse* du 4 avril 2005, que «pour beaucoup de coopérateurs, le bénévolat des dirigeants était la seule particularité qui distinguait encore Desjardins des autres institutions financières». Reste la longue et belle histoire du Mouvement que personne ne peut lui enlever, mais un bastion du bénévolat vient de tomber.

De Gaulle se plaignait de l'individualisme de ses compatriotes: «Autant de Français, autant de gouvernements», disait le grand Charles.

Si 85% des Québécois déclarent faire «occasionnellement» des dons à des organismes caritatifs ou communautaires, les dons planifiés, ceux que l'on fait par testament, une pratique populaire aux États-Unis et dans le Canada anglophone, ne touchent que 3% des Québécois. Comme nous l'avons mentionné, on sait, par ailleurs, que les Québécois sont les citoyens les plus taxés d'Amérique du Nord, les seuls à payer une taxe spéciale pour alimenter un fonds de lutte contre la pauvreté. Ceci pourrait expliquer cela. Les Québécois font moins de bénévolat (50%) que l'ensemble des Canadiens (60%), cependant qu'ils se situent au-dessus de la moyenne nationale pour les dons d'organes. Il nous arrive donc de nous ouvrir aux autres… sans mauvais jeu de mots!

LA SENSUALITÉ

La corde française par excellence. Bien manger, bien boire. Voltaire disait : « Un Français n'est malheureux que quand il ne digère pas. »

Cette corde nous distingue nettement des autres Canadiens, et les publicitaires n'en tiennent pas toujours compte ; trop de messages publicitaires concernant la nourriture nous parlent de valeur nutritive, de graisse saturée et d'absence de colorants, mais oublient de nous dire ce qui est bon.

En peu de temps, le secteur fromager québécois s'est taillé une place de choix dans le domaine de l'alimentation ; on comptait 103 fromageries en activité en 2005, toutes tailles confondues. Il y a encore de la place pour les fromageries fermières, mais le marché du frais est saturé (en 2002, 179 millions de kilogrammes de fromage ont été produits au Québec, rivalisant avec des fromages importés de fabrication industrielle, donc moins chers). La situation des fromagers est précaire, en raison d'un manque de capitaux, de main-d'œuvre et d'expertise. On boit également plus de cocktails, alors que la vente des spiritueux est en forte progression au Québec, comme en fait foi le vin dont les ventes ont progressé de 22,5 % au cours des cinq dernières années.

Aîné-homme fait un retour en arrière : « Les Québécois ont perdu leur réputation de gros buveurs de bière. Je me souviens de mon père qui "soupait" à la bière dans une taverne de la rue Saint-Denis, le vendredi soir : six grosses Molson, deux œufs durs, trois langues dans le vinaigre et des biscuits soda. Ma mère l'appelait "l'homme des cavernes". C'est que les femmes n'étaient pas admises dans ces hauts lieux de la beuverie.

Les tavernes ont disparu et, avec elles, notre réputation de gros buveurs. »

Alors que les grands producteurs de bière ne savent plus quoi inventer pour stopper l'érosion de leur part de marché, les Québécois adoptent les bières importées, au goût plus distinctif, moins «commercial». Notre intérêt pour les produits des microbrasseries et des brasseries artisanales nous permet de goûter des bières qui se distinguent nettement des grandes marques connues. Les sept microbrasseries du Québec produisent 4,6 millions de litres de bière par année et détiennent 2,2 % du marché québécois. La consommation moyenne annuelle des Québécois est de 80 litres par personne.

L'intérêt pour le vin est un phénomène assez récent au Québec. Les clubs de dégustateurs se sont multipliés, tirant la SAQ d'une longue période de somnambulisme. Celle-ci s'empresse de s'adapter au nouvel engouement de la population en dotant ses succursales de conseillers *intra-muros*; les voyagistes profitent de cette ferveur pour multiplier les voyages organisés dans les vignobles français et italiens. En quelques années, nous sommes devenus les dégustateurs s'offrant les bouteilles de vin les plus chères au monde. En 2005, un consommateur québécois paie environ 15 $ sa bouteille de vin. Nous figurons au classement de l'étude publiée annuellement par le sérieux IWSR (International Wine and Spirit Record) en tant que pays consommateur. La SAQ réalise 56 % de son chiffre d'affaires grâce à ce que les experts en marketing appellent « les passionnés » et les « connaisseurs », qui forment 20 % de sa clientèle. Ainsi, la SAQ a enregistré des profits de 545 millions de dollars en 2005, profits qui pourraient grimper jusqu'à 925 millions d'ici 2009 si elle adopte une stratégie marketing affûtée. Ce à quoi elle veille…

Nous avons eu vent, en février 2006, du marketing singulier et de la politique de prix unique à travers le monde privilégiée par la SAQ… C'est avant tout la faute de notre sensualité.

Nous aimons les vêtements soyeux et bien coupés, les maisons aux couleurs chaudes. Nous aimons la bonne table et, de fait, avons toujours alloué une large part du budget familial à l'alimentation (bien plus large que celle des autres Canadiens). Nous mangeons plus sucré et plus gras. Pourtant, il y a moins d'obèses au Québec que dans le reste du pays.

En publicité, on peut tabler sur la corde 33. Les annonceurs qui prennent les Québécois par l'estomac ne se trompent pas.

Les émissions de télévision culinaires pullulent sur les ondes ; les livres de recettes ont la cote chez Renaud-Bray. Il existe des guides pour les amateurs de fromages, de bières, d'huiles d'olive et je ne sais quoi encore. Tout pour entretenir les borborygmes de nos estomacs.

Alphonse Daudet a exprimé ainsi la sensualité : « La gourmandise commence quand on n'a plus faim. »

Comme par hasard, le Congrès mondial de sexologie a eu lieu à Montréal en 2005. Interrogé sur les raisons conduisant les instigateurs de l'événement à rassembler leurs 2 000 délégués à Montréal, un des dirigeants a formulé cette belle réponse : « Il y a dans cette ville quelque chose qui sent l'amour. » On ne pouvait mieux dire.

La corde 28, la sentimentalité, nous a appris que l'amour faisait verser des flots de larmes aux Québécois. Qu'en est-il de la sexualité ?

Léger Marketing a étudié les habitudes sexuelles des Québécoises en 2005 : le sondage révèle, entre autres choses, que 82 % des Québécoises ont un partenaire sexuel ; 55 % ont des relations sexuelles au moins une fois par semaine ; 83 % se disent satisfaites de leur vie sexuelle ; 73 % admettent que le sexe est un aspect important de leur vie.

Jusque-là, rien à redire. Y-femme, qui a pris connaissance du sondage, commente : « Au fond, ce sondage ne fait que confirmer la libération sexuelle de la femme. Elle n'est plus à la merci du premier tombeur venu, des "chanteurs de pomme". Elle peut avoir un chum pour le sexe et un autre pour les sentiments. L'un n'empêche pas l'autre. Pour moi, dans une relation sérieuse, la tendresse l'emporte sur le reste. Je ne fréquente pas les brutes ou les gars qui ne tiennent pas la boisson. C'est moi qui choisis mes partenaires. »

Mesdames, à quel âge avez-vous eu vos premières relations sexuelles ?

À 13 ans ou moins	6 %
Entre 14 et 15 ans	17 %
Entre 16 et 17 ans	32 %
À 18 ans	14 %
À plus de 18 ans	31 %

Mais cette sensualité a un prix. D'ailleurs, ce sont les Québécois qui dépensent le plus en médicaments de tout acabit. « De toutes les dépenses de santé, écrit Pascale Breton dans *La Presse* (6 avril 2005), la part liée aux médicaments a presque doublé en l'espace de 20 ans. » En 2004, chaque Québécois a dépensé, en moyenne, 523 $ pour se procurer des médicaments prescrits par le médecin, comparativement à 472 $ pour l'ensemble des Canadiens.

LAISSEZ LIBRE COURS À VOTRE JUGEOTE !

• À quoi ressemble la consommation de Viagra des Québécois ?

LA VANTARDISE

«Ils se croient, sur tous les points, la première nation du monde», a écrit Montcalm sous le Régime français. On parle de vantards, de vantardes et de vantardise. Déjà, le Québec est plein de «courants d'air».

«D'où vient cette habitude de raconter en exagérant un peu, se demande Marcel Rioux, de dire les choses d'une façon plaisante et attrayante? Elle vient d'abord d'un peuple chaud qui aime parler et communiquer avec ses semblables. Que dire? Que raconter? Dans le milieu traditionnel, où peu de choses se passaient, où les événements extraordinaires étaient rares, il fallait susciter ou tout au moins faire en sorte que le banal prît des allures plus intéressantes et plus attrayantes.»

On aurait pu croire que la vantardise disparaîtrait de nos mœurs en même temps que le complexe d'infériorité. Mais non. Si nous ne nous sentons plus minoritaires au Québec, nous allons nous en vanter.

Boomer-femme explique: «Je n'aime pas les publicités qui me bourrent le crâne, qui exagèrent. J'admets que je suis moi-même portée à embellir les choses, mais, comme disait René Lévesque: "Faut quand même pas charrier!" Je suis optimiste de nature et je vois le monde en couleurs. Je ne mens pas, je n'invente pas d'histoires, mais il m'arrive de les embellir. C'est pas un gros péché. Et je suis toujours plus honnête avec mes proches qu'avec les étrangers. À quoi bon répéter toutes les mauvaises nouvelles que l'on a entendues la veille à la télévision? Il vaut mieux exagérer un peu la seule bonne nouvelle de la soirée. Embellir la vérité ne fait de mal à personne. Et si vous voyez là un défaut, moi, j'y vois une qualité.»

Lichtenberg exprime sensiblement la même chose : « Dans ce bas monde si triste, il est préférable de dire la bonne aventure que la vérité. »

Comme à Marseille, nos fanfaronnades tiennent plus de la légèreté que de la méchanceté.

Aîné-homme commente à son tour : « Autrefois, les politiciens avaient des petits numéros sur leur plaque de voiture : c'était une forme de vantardise. Si vous roulez dans une voiture trop chère pour vos moyens, vous vous vantez à votre façon. Étaler ses diplômes, afficher sa photo avec les grands de ce monde, porter la décoration de l'Ordre du Canada sur une chemisette sport, tout cela est de la pure fanfaronnade. Vous pouvez mentir sans prononcer un seul mot. Si, comme certains de nos intellectuels, vous parlez d'une façon hermétique, vous bluffez les autres. Ce n'est pas le vent qui manque au Québec : les éoliennes ont de l'avenir. »

Dans certains cas, ce défaut collectif nous apparaît tout à fait bénin. On ne penserait pas à reprocher aux Marseillais leurs galéjades et jactances proverbiales. Isaac Asimov aurait dit : « Pour convaincre, la vérité ne suffit pas. » Nous vivons à une époque où la *bullshit* est élevée au rang des beaux-arts. On nous ment ouvertement, on nous fait prendre des vessies pour des lanternes, on nous désinforme.

La journaliste Nathalie Collard, dans un article paru dans *La Presse* (7 juin 2005), nous fait découvrir deux livres récents sur le sujet, dont celui de la professeure Laura Penny qui s'intitule tout bonnement *Your Call Is Important to Us : The Truth About Bullshit*[43], où il est écrit que *bullshiter* et se faire *bullshiter* fait désormais partie de la culture. Les dernières élections américaines en sont l'exemple patent : des réseaux comme CNN et Fox rivalisaient de désinformation, quand il ne s'agissait pas de mensonges à l'état pur. « À la lecture de ces deux livres, écrit Collard, et face au succès qu'ils remportent, un observateur de la société contemporaine conclurait probablement que l'univers des communications et la multiplication des chaînes d'information continue ont sans doute contribué à créer cette société de *bullshiteurs* en donnant la parole à des milliers de commentateurs qui doivent remplir du temps d'antenne jour après jour. »

---

43. Laura Penny. *Your Call Is Important to Us : The Truth About Bullshit*, Three Rivers Press, Reprint edition, 2006, 272 p.

Dès qu'elle change de nom, la vantardise n'est plus ce défaut bénin en soi que les Québécois affectionnent depuis si longtemps ; dès qu'elle touche les publicitaires, les relationnistes et les politiciens, il faut se poser des questions. « Ils n'en mouraient pas tous, mais tous en étaient frappés », disait La Fontaine.

CORDE 35 – NOUVELLE CORDE

LA TERGIVERSATION

Nouvelle corde. Mais pas très belle.

Pourtant, voici un mot qui a des racines latines très visuelles : *tergum*, le dos et *versati*, se retourner. On imagine quelqu'un qui tourne le dos à ses obligations, un politicien qui *niaise avec le puck*, un étudiant qui, à 30 ans, n'a pas encore choisi son métier, des gens d'affaires qui attendent des siècles avant d'abattre leurs cartes.

Jamais nous n'avons autant tergiversé au Québec, au point d'en faire une nouvelle tare nationale. Pas une belle corde, la fameuse 35...

Allons-nous (ou pas) privatiser la Société des alcools du Québec, dont les bévues administratives ont défrayé la manchette en février 2006 ? On estime que cette vente pourrait rapporter 230 millions de dollars aux caisses du gouvernement. Il faudra bien y venir un jour ou l'autre.

Faut-il déménager le Casino de Montréal ? Gageons que nous aurons la réponse un de ces jours. Dans les milieux informés, on prévoit cet événement pour 2020.

Faut-il vendre Hydro-Québec aux investisseurs privés ? Cette vente pourrait rapporter près de 50 milliards de dollars. C'est peut-être le geste fatal que devront poser les papy-boomers de 2020 et de 2040 pour affronter le tsunami qui menace d'engloutir le système des soins de santé.

Mais nous avons encore le temps de penser à tout cela. Procrastinons.

Tergiverser est bien français. Nous sommes dans la racine française...

Tous les grands travaux que nous avons entrepris au cours des années sont marqués par l'irrésolution, les détours, les faux-fuyants, le flottement. Nous pouvons y voir un signe attestant un vilain défaut qui n'a cessé de s'amplifier depuis les dernières années et que l'on qualifie souvent de «syndrome du Stade olympique».

Selon Denis Lessard, journaliste à *La Presse*, «les statistiques brandies par Québec sur l'état acceptable des routes et autoroutes du Québec masquent une terrible réalité: plus de 2 000 kilomètres de réseau routier sont dans un état lamentable».

«"Deux trous pis une bosse" devrait remplacer le *Je me souviens* sur les plaques minéralogiques des automobiles», suggère un journaliste du *Journal de Montréal*. Le ministère des Transports tergiverse même sur l'épaisseur de la couche de bitume qu'il convient de répandre pour au moins donner l'impression d'avoir repoli adéquatement la surface de nos routes. Un porte-parole du ministère suppute que ce «resurfaçage» s'approche souvent de la couche de peinture à 9 $ le mètre carré.

On pourrait penser que le gouvernement a adopté le principe de l'Oncle Tom: «Plus vous attendez avant de trouver une solution à un problème, plus vos chances de le voir se régler de lui-même augmentent.»

Le manque de sens pratique, l'ancienne corde 36, est donc remplacé par la tergiversation, ce qui ne corrige qu'à moitié un vilain défaut. On dira qu'il n'y a qu'un pas entre les deux: bonnet blanc ou blanc bonnet.

Nous tergiversons depuis cent ans sur le sort du Québec. Peut-on seulement imaginer combien cette valse-hésitation nous aura coûté en palabres, en chicanes, en chansons et en espèces trébuchantes? Balzac fait dire à un de ses personnages: «La vie est chose fort simple: il faut dire oui ou non.»

Cette corde antérieurement libellée «le manque de sens pratique» devient «la tergiversation» dans le sens d'hésitation, d'atermoiement, pour éviter d'agir et de se prononcer. Tergiverser, c'est user de tous les détours, de toutes les astuces possibles pour ne pas faire ce qui doit être fait. Il s'agit de temporiser, d'atermoyer, de remettre au lendemain. Il semblerait qu'au Québec personne ne veuille se mouiller.

C'est bien ce que reprochait à Charles V le poète de cour Eustache Deschamps[44] :
Prince, on conseille bien souvent,
Mais on peut dire comme le rat
Du conseil qui sa fin ne prend :
« Qui pendra la sonnette au chat ? »

Les fusions et défusions des municipalités de l'île de Montréal demeurent un chef-d'œuvre de tergiversation. Peut-être ne fallait-il pas les faire, mais alors, fallait-il les défaire ? Coût énorme, perte de temps irrécupérable, électoralisme de bas étage.

Les commissions sont, pour les gouvernements, de convaincantes illustrations de tergiversation. Pensons, entre autres, à la commission Gomery. Il eût été facile d'éviter tout ce cirque médiatique et de réduire la centaine de millions de dollars qu'il aura coûté aux contribuables. Le gouvernement, le plaignant dans cette affaire rendue rocambolesque par les médias, aurait simplement pu poursuivre les quelques agences de commandite et les individus fautifs, récupérer ses sous et passer à autre chose. Les coupables étaient identifiés depuis longtemps. Le premier ministre Martin, en chargeant une commission d'enquêter sur le programme des commandites, espérait noyer le poisson. Malheureusement pour lui, il s'est tiré dans le pied… Quand on veut afficher sa vertu, on ne fréquente pas les maisons closes.

Les manœuvres dilatoires, qui visent à gagner du temps, à retarder une décision, deviennent donc un passe-temps national. La commission Gomery, instituée par le premier ministre Paul Martin pour se maintenir au pouvoir, aura été le chef-d'œuvre du genre. Plusieurs millions furent investis, et la manœuvre aurait fait chou blanc, n'eût été de la spectaculaire Belinda Stronach qui, elle, n'hésita pas une seconde à *virer son capot de bord* pour changer le destin du monde.

Cas du Suroît, du CHUM, de Gaspésia, du prolongement du métro de Laval (qui devrait coûter cinq fois les estimations originales), de l'autoroute 30 entre Châteauguay et Vaudreuil qui coûtera deux fois plus cher que la 407 ontarienne, même

---

44. Eustache Morel, dit Deschamps (1346-1407). Né d'une famille aisée, il entre en 1367 au service du roi Charles V. Son œuvre poétique est composé d'environ 82 000 vers : 1032 ballades, 142 chants royaux, 170 rondeaux, auxquels s'ajoutent aussi des ouvrages à intention moralisatrice ou satirique.

si l'achalandage sera cinq fois moins important, l'immeuble de la Caisse de dépôt, les scandaleux déficits de la SGF, voilà quelques-unes de nos tergiversations les plus récentes.

Le prolongement du métro de Laval, d'abord chiffré à 180 millions de dollars, en coûtera plus de 600 millions. Nous avons déboursé 68 millions de dollars en études de toutes sortes juste pour savoir où situer le CHUM – on pourrait écrire un roman sur le sujet. Au Québec, nous restons les champions des études de faisabilité, d'impact et de coût. Les politiciens minimisent toujours le coût des projets qu'ils parrainent, quitte à se défiler quand vient le temps de présenter la douloureuse note.

Quand le journaliste Claude Piché décrit « les effet pervers du populisme », il entend par là les tergiversations tactiques, donc volontaires, des gouvernements à ne pas prendre de décision « par électoralisme, opportunisme ou peur de lobbies tapageurs ». L'importante augmentation des primes que les automobilistes versent à la SAAQ, la hausse des cotisations à la Régie des rentes, l'assurance médicaments sous-évaluée dès sa création sont autant d'exemples illustrant la volonté de ménager la chèvre et le chou. Piché s'interroge également sur la pertinence du gel des droits de scolarité (1 890 $ au Québec, comparativement à 4 840 $ en moyenne au Canada pour des études de premier cycle), du gel des tarifs d'Hydro-Québec et de celui des tarifs des garderies à 7 $, trois exemples de tergiversations qui finiront par éclater comme autant de bombes à retardement et « qui ne rendent service à personne en voulant faire plaisir à tout le monde ».

Parlant de droits de scolarité, l'attitude des parents québécois reste un modèle de tergiversation : si 7 sur 10 souhaitent que leurs enfants poursuivent des études universitaires, à peine 4 sur 10 contribuent à un régime enregistré d'épargne-études. À l'échelle canadienne, les parents font preuve de plus de prévoyance, alors que la moitié d'entre eux versent des fonds dans un REEE. Compter sur le fait que les droits de scolarité au Québec demeureront aussi bas pour ne pas souscrire à un REEE, c'est tenter le diable de la tergiversation.

Et que dire de l'état de nos routes ! Si seulement on pouvait enfin se débarrasser de cette tare. Les gouvernements ne donnent pas l'exemple. Deux ponts sur cinq et un tiers des routes du Québec sont en piteux état. Plus de 11 500 kilomètres sur un réseau d'une portée de 30 000 ne satisfont pas aux critères internationaux de qualité de la chaussée, et ces kilomètres lacunaires, qui font davantage le bonheur des ateliers de mécanique que celui des automobilistes, augmentent d'année en année. Si, en revenant des États-Unis, vous franchissez la frontière du Québec à Saint-Bernard-de-Lacolle, vous aurez plutôt l'impression d'entrer dans une république de bananes comme le Costa Rica, un pays réputé pour le mauvais état de ses routes.

Les gouvernements ne sont pas les seuls à s'adonner à la tergiversation : les multiples festivals du film de Montréal s'y sont aussi consacrés. Y en aura-t-il deux, trois, où et quand ? La valse-hésitation a duré de longs mois pour aboutir à une série de compromis entre le Festival du film documentaire de Montréal, le Festival des films du monde et le Festival du Nouveau Cinéma. Qu'importe que les cinéphiles de Montréal y comprennent peu ou prou, pourvu qu'ils passent au guichet.

C'est toujours le bon peuple qui paye le prix de ces atermoiements.

Cela fait maintenant dix-sept ans que l'on parle d'élargir la route 175 de la réserve faunique des Laurentides. Les accidents mortels se multiplient sur cette route cependant que les autorités palabrent.

Cela ne fait que 35 ans que les autorités se demandent s'il faut construire un septième pont entre Montréal et Laval. Écologistes et fonctionnaires de Québec, las de s'affronter, demandent l'aide du Bureau d'audiences publiques sur l'environnement. Avant même d'être engagé, le processus de consultation du BAPE est déjà mis en cause, selon *La Presse* du 16 mai 2005.

Tergiversation également de la Croix-Rouge qui, dans les années 1980 et 1990, distribuait du sang contaminé : elle vient tout juste de présenter ses excuses aux milliers de victimes du scandale et plaide coupable pour échapper à des accusations criminelles. Coupables ? Responsables ? Imputables ? Tergiversons.

Les atermoiements de la Société générale de financement se chiffrent en milliards de dollars (511 millions $ de pertes en 2003 et 50 millions en 2004[45]).

---

45. [http://www.sgfqc.com/fr/centre-documentation/presse/communiques/ 0000communiques-archives/2005/20050608.htm] (Consulté le 10 octobre 2006)

Aînée-femme n'est pas dupe: « Des exemples de tergiver-sation ? J'en aurais des dizaines. Le dernier en date est l'assurance vieillesse. Abusant du conditionnel présent, les journaux et les bulletins de nouvelles nous informent (ou nous désinforment) que le gouvernement pourrait imposer une "assurance vieillesse". Comme si les médias envoyaient des sondes au nom du gouvernement. Pourquoi toute cette *bullshit* ? Si l'on regarde le nombre de personnes âgées qui vont entrer sur "le marché des soins" d'ici 20 ans, on sait très bien que les coûts actuels vont tripler et que nous n'éviterons pas cette taxe, qu'elle s'appelle "solidarité intergénérationnelle" ou "reconnaissance éternelle aux aînés". Pourquoi tourner autour du pot ? Voilà autant de bombes à retardement. La vérité ferait moins mal et les politiciens gagneraient quelques points en crédibilité. »

« Romains ! Catalina menace les portes de Rome... et vous délibérez toujours ! », avertissait le Sage.

Nos gouvernements suivent à la lettre le précepte du cardinal de Retz: « On ne sort de l'ambiguïté qu'à son plus grand détriment. »

Au Québec plus qu'ailleurs, on est toujours peiné de ne pas avoir choisi. Et pas assez vite. Par exemple, nous sommes les derniers Canadiens à acheter les cadeaux de Noël que nous voulons offrir. Selon Statistique Canada, en novembre, 51 % des Canadiens ont commencé leurs emplettes des fêtes, contre seulement 31 % au Québec. Est-ce par manque de temps que nous offrons en moyenne 10 cadeaux, contre 12 pour les autres Canadiens ?

La palme de la plus longue tergiversation revient de droit à l'autoroute 720 (la rue Notre-Dame): 30 ans et des poussières. Elle a traversé tous les gouvernements sans coup férir.

Comme en France, « il y a bien des coupables, mais jamais de responsables ». Que des « tergiversables ».

LAISSEZ LIBRE COURS À VOTRE JUGEOTE !

• Les choses furent menées plus rondement entre les Tchèques et Slovaques.
• Le programme d'enregistrement des armes à feu, pour sa part, a coûté un milliard de dollars et est inutile et inefficace.
• Les problèmes de l'Orchestre symphonique de Montréal, un élément important de notre image tant au Québec qu'à l'étranger.
• La tergiversation sur le port de Rabaska, gaz naturel liquéfié.

CORDE 36

LES « NATIONALISMES »

La politique serait « l'art du possible », selon de Gaulle.

Nous élisons des indépendantistes pour nous représenter à Ottawa et des libéraux fédéralistes à Québec.

C'est dire que nous pratiquons le nationalisme de bien des façons, à bien des niveaux. Par exemple, André Pratte, dans son livre, *Au pays des merveilles*[46], dénonce « le mythe du Québec comme victime ». Ce Québécois, et cela, depuis des générations, clame qu'il n'est pas responsable de ses malheurs « qui sont tous la faute des Anglais », les mêmes qui ont volé le dernier référendum. Cela donne lieu à un type de nationalisme revanchard.

D'autres Québécois pratiquent un nationalisme par comparaison, surtout des gens d'affaires et des professionnels. Ils se disent : « On n'est pas plus fous que les Anglais, on peut faire aussi bien, sinon mieux qu'eux. » *Eux* peut aussi bien inclure les Américains. Ni haine ni amour envers les autres, seulement un défi.

Mais ne vous trompez pas : ces deux types de Québécois sont « pure laine ». Ils aiment le Québec et la langue française, et les défendent avec la même fougue. Ils tueraient pour la cause. Ils sont identiques par leurs objectifs, mais différents par leurs motivations.

Cela pourrait nous renvoyer à une corde qui a disparu, le manque de sens pratique, mais voilà, cette corde est remplacée par la tergiversation. Acrobates de la politique, les Québécois jouent de leurs nationalismes à tiroirs, à leur rythme et selon les événements. Ils sont spécialistes des négociations identitaires.

---

46. André Pratte. *Au pays des merveilles*, Montréal, VLB éditeur, 2006, 153 p.

Le sociologue Léon Dion l'a remarqué : « On trouve [au Québec] une tension permanente entre le particularisme et l'universalisme, le conservatisme et le progressisme de même qu'entre le réformisme et le radicalisme. »

Le nationalisme de Duplessis ne ressemblait pas à celui de Robert Bourassa ; celui de René Lévesque était bien différent de celui de Claude Ryan. Et ils étaient de grands nationalistes. « Qu'Ottawa nous redonne notre butin » d'Alexandre Taschereau et « Les libéraux donnent aux étrangers, Duplessis donne à sa province », slogan de la défunte Union nationale, n'ont rien du « Maître chez nous » de Jean Lesage ou du « Parle fort, Québec », campagne de publicité des libéraux fédéraux qui fit élire 74 députés au Québec en 1962. Voilà autant de slogans nationalistes qui répondent aux courants de leur temps. Le PQ pourrait se doter de « clubs politiques » comme le Parti socialiste français tellement les « nationalismes » ont de courants au sein du parti.

Les Québécois sont tous nationalistes. Certains pratiquent un nationalisme doux, d'autres seraient prêts à tuer pour le fleurdelisé. La poignée de publicitaires et de traducteurs qui ont fondé le Publicité-Club en 1959 étaient de fieffés nationalistes : ils voulaient accaparer le marché de la publicité québécoise jusque-là le fief de quelque 25 agences anglophones de Montréal et du puissant Advertising & Sales Club of Montreal, qui comptait 300 membres dont 4 francophones. Pour renverser la vapeur, ils vont devoir pratiquer un nationalisme ouvert : ils savent que leurs futurs clients, les grands annonceurs nationaux, sont anglophones. Ils se retrouvent dans la difficile position d'afficher leur nationalisme au grand jour, sans arrogance ni provocation, sans jamais pactiser avec « l'ennemi », puisqu'il s'agit de lui enlever un important marché. Il n'y eut pas de guerre ; 10 ans plus tard, après quelques escarmouches de part et d'autre, l'Advertising & Sales Club ferma ses portes et les agences anglophones laissèrent le terrain aux agences francophones. Voilà une expression de nationalisme pratique.

X-homme a voté OUI au dernier référendum : « Les Québécois francophones sont à 95 % nationalistes, mais le clan du OUI n'a jamais su exploiter ce sentiment. Les politiciens sont incapables de nous faire "imaginer" ce que serait le Québec comme pays souverain. Au lieu de nous servir des arguments creux qui répondent à ceux des fédéraux encore plus creux, au lieu de laisser les intellectuels dire tout pour ne rien dire, ils doivent faire appel à l'imaginaire collectif. "Imaginez ce que sera notre pays dans un an, dans deux ans, dans cinq ans. Voici les avantages et les désavantages à courte et moyenne échéance. Imaginez votre passeport, imaginez un seul et unique rapport d'impôt. Imaginez notre politique extérieure dans la mondialisation, imaginez chaque ministère autonome, imaginez la fin de l'abominable péréquation." On n'a jamais laissé les Québécois "imaginer" leur propre liberté. La question devrait être simplement: "Pouvez-vous imaginer un Québec libre, oui ou non?" Au prochain référendum, il faut faire table rase, recommencer avec un nouveau leader, sans les intellectuels et les constitutionnalistes. Il faut laisser faire les communicateurs, ceux qui sont capables d'allumer l'imagination et de faire surgir le rêve.»

Boomer-homme a une perception différente du nationalisme québécois: «Ne me parlez plus de référendums. Ras-le-bol, trop d'inconnu. J'aurais l'impression de sauter dans une piscine sans eau. La plus belle invention de nos politiciens, c'est le Bloc québécois. Si nous avions l'intelligence d'envoyer 75 députés bloquistes à Ottawa, mais pas des séparatistes, le tour serait joué. Quel lobby puissant! En principe, il n'y aurait plus de gouvernement majoritaire et le Bloc pourrait négocier ses appuis aux trois autres partis dans le meilleur intérêt du Québec. Les Anglos comprendraient le message. Si nous pouvions créer au Québec un parti de centre gauche et un parti de centre droit qui pourraient se relayer aux quatre ans, nous aurions le meilleur des mondes: le Bloc tenant Ottawa en laisse et l'alternance entre la gauche et la droite sur la scène provinciale. Plus de chicane dans la cabane!»

On le voit bien: nous sommes les acrobates du nationalisme.

Aîné-homme: «Pourquoi des nationalismes au pluriel? Je n'en endosse aucun, je les hais sous toutes leurs formes. Le nationalisme pousse aux pires excès. Quelqu'un a dit que le drapeau n'est qu'un morceau d'étoffe pour lequel on se fait trouer la peau. C'est trop beau pour moi. Faut voir les ravages quand les nationalismes se mêlent à la religion. Certains groupes extrêmes d'islamistes veulent nous ramener au Moyen

Âge : allumons les bûchers, réveillons Richard Cœur de Lion, nommons les inquisiteurs, "Dieu le veut !" Une minorité impose ses idées, ses coutumes, à une majorité. Tout nationalisme est réducteur : il nous prive du reste du monde. Je ne vote pas aux référendums et refuse de participer à ces orgies de nationalisme qui divisent et affaiblissent nos forces. Et que dire des fédéraux qui n'ont imaginé que le scandale des commandites pour contrer le nationalisme débridé de certains Québécois ! »

Nos nationalismes auront réussi à créer un nationalisme canadien chez les Anglos, le fameux ROC pour *Rest of Canada* qui, jusque dans les années 1970, ne jurait que par la reine en se fendant en quatre pour ne pas ressembler aux Américains, après avoir maintes fois frôlé l'union monétaire avec les États-Unis (*remember* notre dollar à 60 cents ?), alors que les plus pessimistes prônaient l'assimilation pure et simple avec notre grand voisin. Depuis, une campagne de publicité à la télévision moussant une marque de bière au Canada anglais fait chanter aux comédiens : *I'm Canadian !* Bière et nationalisme vont de pair.

Au Canada, le sentiment d'appartenance augmente à mesure que l'Ordre impérial des filles de l'Empire[47] (IODE) perd en popularité et que s'éteignent les Anglos plus âgés qui ont toujours été davantage liés à la colonie britannique (ou à la couronne) qu'au Canada. D'où leur persistance à imposer le portrait de la reine sur les billets de banque et sur les timbres, ce qui s'apparenterait à un anachronisme presque victorien si l'on ne tenait compte du fait que seulement 55 % des Anglos prétendent appartenir au Canada, les autres faisant serment d'allégeance à leur province ou à la couronne. Dans ce sens, les anglophones du Québec affichent le plus fort pourcentage, 67,6 %, pour le sentiment d'appartenance au Canada, 11 % au Québec et 6 % à la couronne, ce qui n'explique qu'en partie la récente défusion des municipalités anglophones de l'île de Montréal. Les sentiments ont la vie dure.

Seulement 29 % des Québécois francophones (Statistique Canada, mars 2005) indiquent avoir développé un sentiment d'appartenance au Canada, bien que 40 % d'entre eux se disent bilingues. Les Québécois en voyage n'hésitent pas à se dire

---

47. Association caritative fondée en 1900, dont la mission initiale était d'apporter du soutien aux soldats canadiens durant la guerre d'Afrique du Sud.

Canadiens, sauf en France et à Cuba, jouant, encore une fois, de leurs nationalismes à tiroirs.

On peut donc ne pas s'identifier au Canada et voter NON au référendum, se dire bilingue et Québécois en même temps; tout est permis quand on est armé d'un carquois de nationalismes aussi bien garni.

À une époque pas si lointaine, nationalisme, féminisme et syndicalisme étaient de parfaits synonymes, tous dans le même sac, que l'on pouvait apprêter à toutes les sauces.

La devise *Je me souviens* peut être interprétée par un étranger comme « Je vais m'en souvenir », une promesse menaçante. Au fond, on se souvient de quoi, de qui? Du Régime français, de Maurice Duplessis, de l'abbé Lionel Groulx et de ses héros préfabriqués pour les jeunes, de Dollard des Ormeaux, des pères de la Révolution tranquille? Ce slogan fait passéiste et n'a plus de sens pour les jeunes générations. Il ne sert en rien la cause nationaliste, encore moins la cause touristique, ce à quoi il sert dans les autres provinces canadiennes et dans les États américains. Pourquoi pas « La belle province », « Parlez-vous français? » ou « L'Éden d'Amérique »? Pour les Américains qui sont simplistes mais qui comprennent vite: « Oh! la la! » Quelqu'un suggérait l'autre jour dans une lettre ouverte « L'Amérique française » et « Le bonheur de vivre ». Ces slogans sont plus descriptifs que notre fameux *Je me souviens*, totalement vide de sens, autant pour nous que pour les étrangers, et qui ne sert pas la cause touristique.

LAISSEZ LIBRE COURS À VOTRE JUGEOTE !

• Trudeau considérait le nationalisme québécois comme une forme de tribalisme.

CONCLUSION

Bilan et défis

En 1978, les anciennes cordes sensibles proposaient six défis collectifs inspirés de nos racines. On entendait souvent dire à l'époque que les Québécois manquaient de grands projets. Or, pourquoi ne pas commencer par ce qui nous est inné, nos racines.

« Ce n'est pas un processus facile, écrivait Guy Joron, puisque nous devons à la fois "sentir" nos racines et développer de nouvelles qualités. Il en faut davantage pour être un peuple adulte, dont la culture s'épanouit, qu'il n'en faut à une minorité culturelle luttant pour retarder l'assimilation. »

Que nous suggéraient nos racines ?

1- La racine terrienne : l'écologie et l'agroalimentaire ;
2- La racine minoritaire : la migration, la natalité, la conciliation travail-famille ;
3- La racine américaine : le consumérisme et la publicité ;
4- La racine catholique : (paradoxalement) l'entrepreneuriat ;
5- La racine latine : le produit culturel québécois ;
6- La racine française : la langue parlée au Québec.

Ces défis pris à même les souches qui alimentent nos cordes sensibles semblaient les plus susceptibles de motiver les Québécois à réaliser des choses ensemble. Nous n'avions pas cherché midi à quatorze heures à l'époque : continuons dans la même veine.

Qu'avons-nous réussi en 25 années ?

1-L'écologie et l'agroalimentaire

En 1978, lors de la rédaction des premières cordes, la racine terrienne posait deux défis : l'écologie et l'agroalimentaire.

Si la conférence des Nations Unies sur les changements climatiques tenue en décembre 2005, à Montréal, a eu des retombées planétaires, elle a fortement secoué les Québécois ; leur conscience écologique s'est aiguisée.

Un sondage de Léger Marketing effectué au début de 2006 révèle l'appui massif des Québécois au protocole de Kyoto. Près de 90 % d'entre eux appuient ce mouvement planétaire et se disent prêts à faire des efforts concrets pour que ses recommandations se réalisent.

En 1990, on disait encore péjorativement « faire partie du bag écolo » ou des « granolas » : on taxait les écologistes de prophètes venus d'une autre planète. Plus maintenant. Il y a 30 ans, selon un chroniqueur de *L'actualité*, « on pouvait, dans quatre régions différentes du Québec, boire à même le robinet de la cuisine de l'eau "avec des bibites", de l'eau qui donne "la fièvre typhoïde", de l'eau "qui fait des bulles gluantes" et de l'eau "rouge" ». De tels cas ne sont plus légion.

L'écologie et l'agroalimentaire sont deux domaines dans lesquels nous avons fortement progressé et que nous avons su développer efficacement.

Mieux nourrir un plus grand nombre de Québécois représentait un défi dont les retombées économiques étaient importantes, compte tenu que les industries alimentaires avaient un multiplicateur d'emploi de 2,3 et un multiplicateur du revenu de 2,1, comparativement à des multiplicateurs de 1,6 et 1,5 pour l'ensemble des secteurs économiques québécois.

Beaucoup de grosses industries alimentaires ont réussi – Saputo et Martel, par exemple. Cependant, le Québec, le plus important producteur de sirop d'érable au monde [*sic*], n'arrive pas à écouler ses stocks depuis quelques années. Les surplus sont importants pour un produit qui se détériore avec le temps. La Fédération des acériculteurs semble à court d'idées pour surmonter ce problème.

Les Québécois, plus que l'ensemble des Canadiens, sont favorables à l'accroissement des dépenses d'Environnement Canada et souhaitent que le Canada devienne un leader mondial en matière de politique environnementale. Une plus forte proportion de Québécois croient que l'effet de serre est avant tout lié aux émissions de gaz engendrés par des activités humaines ; ils sont également les plus nombreux Canadiens à croire que les informations fournies sur le réchauffement de la planète sont exactes. Dans maints sondages, les Québécoises ont acquis une conscience écologique plus pointue que celle des Canadiens des autres provinces.

Les Québécois, pourtant les plus grands utilisateurs de voitures compactes au Canada, ont vu la pollution automobile augmenter en dépit du protocole de Kyoto qui a force de loi depuis février 2005. Les Québécois ne se précipitent pas sur les hybrides. Laquelle de nos cohortes lancera la mode ? Les Japonais, avec la Toyota Prius, montrent encore une fois le chemin, alors que les Américains roulent en Hummer.

Autre problème : on ne sait que faire des 1,4 à 2,7 milliards de sacs plastiques que le commerce québécois met en circulation et que l'on retrouve à tout coup dans les arbres, dans les rues, dans les parcs, dans les parterres.

Il est désormais fréquent de voir des groupes de citoyens s'associer pour protester contre la construction d'une route qui gâche l'environnement ou pour montrer du doigt une entreprise qui empiète sur la nature : ils obtiennent gain de cause dans la plupart des cas.

Chaque Québécois semble de plus en plus responsable de sa fleur, pour paraphraser Saint-Exupéry.

Le défi lancé par les *Cordes* en 1978 précisait que le degré d'autosuffisance dans le domaine de l'alimentation au Québec devrait passer de 45 % à environ 70 %. Il aurait été farfelu de vouloir passer à une autosuffisance complète, la nature même de nos saisons ne le permettant pas.

Il y a 30 ans, les lobbies populaires en étaient à leurs premiers vagissements ; aujourd'hui, ils sont omniprésents sur la place publique. Dans un excellent article qu'il signe dans *La Presse*, le professeur Marc Simard s'élève contre certains de ces mouvements populaires dont les visées ne sont pas toujours très catholiques. « Dans ce Québec du début du XXIe

siècle, écrit-il, plus aucun projet de quelque nature qu'il soit n'échappe à l'opposition médiatisée des citoyens et des lobbies populaires. Harnachement de rivière, centrale au gaz, déménagement de casinos, terminal méthanier, construction de ponts et d'autoroutes, complexes touristiques, hausse des tarifs des services publics ou de frais d'électricité, bref, rien ne trouve grâce à leurs yeux. »

Ce sont les « éteignoirs ».

Le professeur Simard décrit certains types de protestataires dont les motivations ne sont pas toujours inspirées par la cause qu'ils prétendent servir. Ce sont les anticapitalistes, vieilles graines de marxistes que l'on remarque dans la première rangée des protestataires ; les politiciens qui sont contre tout projet du camp adverse. Il y a aussi les apparatchiks, les organismes communautaires souvent investis d'une mission, les hargneux conservateurs et les « pas dans ma cour ».

Tous ces types de protestataires existent bien, l'auteur ne se trompe pas, mais il faut y voir plus qu'une poignée d'hurluberlus qui vocifèrent devant les bureaux des ministres ou bloquent l'accès au Parlement.

Des projets, mal ficelés, mal communiqués, comme la vente du parc national du mont Orford, prêtent le flanc aux critiques, alors qu'une petite poignée de citoyens fait reculer le gouvernement.

Beaucoup de projets qui avortent ces jours-ci sous la pression populaire (le déménagement du Casino par exemple) auraient rencontré peu de résistance il y a 30 ans. Depuis, la conscience écologique des Québécois, sous la pression des générations X et Y, a évolué : l'éleveur de porc ne peut plus comme autrefois se débarrasser de son lisier dans la rivière.

Le Québec, c'est avant tout de l'eau, beaucoup, beaucoup d'eau. C'est avant tout le Saint-Laurent, majestueux sur tout son parcours, fleuve unique au monde qui relie la mer aux villes industrielles de la province ; c'est aussi 4 600 rivières, 10 fois plus de lacs dont des centaines attendent encore le baptême. Toutes ces étendues d'eau couvrent 10 % de notre territoire. Depuis les années 1970, alors qu'une publicité d'Hydro-Québec nous recommandait « de ne pas jeter notre eau à l'eau », nous avons pris conscience de la richesse de cette ressource naturelle grâce à laquelle nous produisons de l'électricité à bon marché et nous alimentons en eau potable.

Chaque Québécois consomme 41 litres d'eau par jour. Les Québécois sont parmi les plus grands consommateurs d'eau… au monde.

L'écologie.
Diriez-vous que les questions écologiques vous préoccupent…

beaucoup	55 %
modérément	39 %
pas du tout	6 %

Source : Sondage Omnibus – Léger Marketing 2005

2-L'immigration, la natalité, l'aspect travail-famille

Natalité

Ces mots étaient déjà à la mode en 1980.

Ce défi risque fort de se solder par un fiasco. Il ne nous reste qu'à lui trouver un qualificatif : énorme, excusable, irrécupérable, fatal, explicable, insurmontable, rattrapable. C'est selon.

Lançons le mot « natalisme » comme un blasphème.

L'éminent démographe Jacques Henripin, dans un récent essai intitulé *Pour une politique de population*[48], y va de toute sa coutumière conviction : « N'ayons pas peur du mot "natalisme", écrit le démographe. Il faut être bien craintif pour frémir devant ce terme, qui n'a de malicieux que ce qu'on lui prête, bien arbitrairement d'ailleurs. Que veut-il dire ? Appliqué à une action des pouvoirs publics, il signifie que ces derniers essaient de hausser la natalité. »

Henripin est un démographe qui possède le don de faire parler les chiffres. On peut ne pas partager ses vues, mais il serait difficile de nier « qu'il serait sage, si l'on désire stabiliser

48. Jacques Henripin, *op. cit.*

235

le nombre d'habitants, de jouer sur deux fronts : hausser la descendance de deux ou trois dixièmes d'enfant par femme (c'est un minimum) et accueillir chaque année 30 000 ou 40 000 immigrants étrangers ».

Dans le même sens, une étude du ministère des Finances du Québec serait passée inaperçue sans l'œil averti de l'éditorialiste André Pratte, qui la commente dans « le plus grand quotidien français d'Amérique » (*La Presse*, 18 juin 2005). Sans lâcher le mot, sa position n'est pas moins courageuse. « Depuis quelques années qu'il est question du choc démographique, écrit le journaliste, on sent que peu de Québécois ont encore saisi l'ampleur du problème. Celui-ci paraît lointain et abstrait : moins d'enfants ? Et après ? [...] Le vieillissement de la population et le déclin démographique auront des conséquences graves pour la croissance économique, le niveau de vie des gens, le marché du travail et les finances publiques. Soyons clairs : si le Québec ne s'attaque pas de toutes ses forces au problème, nous allons frapper un mur. Pas dans 50 ans. Dans dix ans, sinon moins. »

Cette position ne manque pas de courage.

Reprenons quelques points forts de cette étude :
1-La population commencera à décroître à partir 2032. En 2004, au Québec, nous avons enregistré 75 303 naissances et 55 429 décès (Statistique Canada, données pour la période allant du 1er juillet 2004 au 30 juin 2005) ;
2-La population en âge de travailler commencera à diminuer dès 2012. Ce déclin réduira notre croissance habituelle de 2 % à 1,3 % ;
3-Les revenus du gouvernement croîtront moins rapidement, alors que, dans dix ans, les dépenses de santé auront doublé pour atteindre 40 milliards de dollars. Ces seules dépenses pourraient représenter 85 % du budget total ;
4-Vers 2025, la fraction de la population du Québec dans l'ensemble du Canada pourrait se situer à moins de 20 % : le Québec perdra de l'influence de façon tangible.

Image apocalyptique ?
Tout n'est pas rose au royaume du Québec.

Y-femme répond directement à la question : « Vous me demandez pourquoi les femmes ne font plus d'enfants ? Pour une foule de raisons. D'abord, n'espérez pas qu'elles sauvent la colonie une seconde fois : elles ne vivent pas comme leurs arrière-grands-mères. Il y a les méthodes anticonceptionnelles, l'avortement libéralisé, la fragilité des unions. Elles veulent et peuvent faire autre chose que des enfants ; elles aspirent à des emplois et à des postes intéressants, elles veulent toucher de bons salaires et profiter de la vie. Comme les hommes. Et si le gouvernement s'avise de faire une campagne de publicité du genre "Sauvez le Québec, faites des enfants !" vous allez voir un million de femmes descendre dans la rue. Les femmes feront des enfants quand elles le voudront bien. La tendance pourrait s'inverser dans dix ou quinze ans. Avec les femmes, on ne sait jamais. »

Mais il serait injuste de faire porter tout le poids de la dénatalité aux femmes ; les hommes, par pur hédonisme ou autre chose encore, ne semblent pas plus enclins à endosser la paternité.

X-homme est un célibataire de 34 ans. « J'ai failli épouser une divorcée avec deux jeunes enfants. Nous avons rompu quand elle a refusé d'arrêter de travailler. Je n'avais peut-être pas le droit de lui demander ça. C'est ce que m'ont dit plusieurs de mes amis qui, eux, semblent tout contents d'avoir une conjointe qui amène un bon salaire à la maison. Vous pensez qu'ils veulent des enfants ? Encore moins que leur conjointe. Ils ne veulent pas sacrifier leur gros quatre-quatre, leurs parties de golf, les deux sorties en ville par semaine, Cuba l'hiver, l'Europe au printemps. On peut demander aux femmes de faire des enfants… *but it takes two to tango.* »

Le Québec n'a jamais connu autant de « vieux garçons » et de « vieille filles ». Autrefois, une jeune femme qui n'était pas mariée à 25 ans « coiffait sainte Catherine », une situation qui désespérait ses parents.

Le coût moyen d'un mariage se situe aux environs de 20 000 $. Il y a eu 21 000 mariages en 2003, soit la moitié moins qu'il y a 25 ans, et ce nombre continue de décroître. Il semble logique que les jeunes couples préfèrent avant tout accumuler la mise de fonds nécessaire pour l'achat d'une maison, quitte à se marier plus tard.

Selon une récente étude de Statistique Canada, le Québec serait le paradis des célibataires:
- Dans la population âgée de 29 à 54 ans, une femme sur quatre et un homme sur trois sont des célibataires endurcis ne vivant pas en couple, ne s'étant jamais mariés et ne prévoyant pas le faire;
- Pour les hommes comme pour les femmes, les derniers espoirs de mariage s'envolent à 42 ans;
- L'âge moyen du premier mariage était, en 2001, de 28 ans chez les femmes et de 30 ans chez les hommes;
- Vingt-neuf pour cent des couples du Québec vivent en union libre;
- La séparation ou le divorce touchent plus d'un couple sur deux, mariages et unions de fait confondus;
- Les mères de famille monoparentale composent 30% des femmes célibataires âgées de 29 à 54 ans;
- Les célibataires endurcis se trouvent principalement chez les francophones, dans des proportions de 77% chez les hommes et de 73% chez les femmes, alors que les pourcentages sont respectivement de 38% et 42% chez les anglophones du Canada.

On peut constater, sans arrière-pensée, l'effritement de la famille au Québec.

Le phénomène n'est pas typiquement québécois. Tous les pays d'Europe, à l'exception de la France et de l'Irlande, connaissent d'importantes baisses de natalité: l'Italie, pays par excellence des *bambini*, atteint 1,26 enfant par femme, comparé à 1,49 au Québec.

Le taux de fécondité doit remonter à 2,1 enfants par famille pour atteindre le niveau de remplacement de la population. Au-delà de ce chiffre, la population croît.

L'immigration

La ministre de l'Immigration et des Communautés culturelles, madame Lise Thériault, n'y va pas par quatre chemins : « L'immigration, c'est l'incontournable pour le développement économique, les immigrants sont l'avenir du Québec.» Citée dans une entrevue accordée à Laurier Cloutier de *La Presse Affaires* du 30 mai 2005, la ministre commente la pénurie de personnel qualifié qui a commencé à sévir dans le commerce de détail. Cette disette a forcé les grandes quincailleries, entre autres, à rappeler des employés à la retraite pour combler les manques.

Vantant les mérites des immigrants, «la plupart d'entre eux fortement scolarisés, plus jeunes, parlant souvent trois et quatre langues», madame Thériault veut inciter les ordres professionnels à reconnaître plus facilement les diplômes des néo-Québécois et entend prolonger les permis de travail des étudiants étrangers de un à deux ans dans l'espoir de les garder chez nous. De 44 226 immigrants l'an dernier, ce nombre devait passer à 45 000 cette année.

Il conviendrait de parler de migration nette, la différence entre ceux qui arrivent et ceux qui partent, souvent des néo-Québécois, mais aussi des Québécois pure laine qui s'établissent à Toronto ou aux États-Unis, le Québec n'échappant pas à un certain mouvement «nomade» constaté dans les pays développés. On estime à 40 000[49] le nombre de départs volontaires du Québec «vers des horizons plus prometteurs». Cela étant, ce n'est plus 45 000 immigrants qu'il faut viser mais 65 000. Nous n'avons accueilli que 44 261 personnes en 2004.

Nous sommes loin du temps où le Québec n'acceptait que des immigrants catholiques, blancs et latins. Il existe, pour ainsi dire, un marché mondial d'immigrés : plusieurs pays européens qui sont également aux prises avec le vieillissement de leur population et la baisse de la natalité sont preneurs. L'Italie en est un bon exemple.

Le commentateur Lou Dobs affirmait récemment sur les ondes de CNN que les États-Unis ne comptaient pas moins de

---

49. Statistiques pour le Québec, 2001 : émigrants internationaux : 9 026, émigrants interprovinciaux : 29 572. Direction de la population et de la recherche du ministère des Relations avec les citoyens et de l'Immigration, Consultation 2005-2007, Caractéristiques de l'immigration au Québec, 2003.

cinq millions d'immigrants clandestins, principalement des Mexicains, et que le gouvernement n'aurait d'autre choix que de les naturaliser. Et si cela faisait l'affaire de l'Oncle Sam?

Les Québécois sont-ils prêts à saluer une invasion multi-colore? Nous avons perdu notre corde de la xénophobie, du moins dans les grandes villes. Nous avons énormément voyagé à travers le monde et sans doute réalisé que le bon Dieu ne parlait pas français comme on nous l'avait enseigné.

Jacques Henripin, dans son essai précédemment cité, s'interroge: «On ne peut ignorer que plusieurs pays euro-péens font face aujourd'hui à des difficultés d'intégration de nouveaux venus qui s'insurgent violemment contre les lois et les coutumes de leur pays d'adoption. Tout cela invite à bien doser générosité et prudence. […] Accepteront-ils les règles linguistiques du Québec lorsque, vers 2050, les immigrés et leurs enfants constitueront environ le quart de la population du Québec et peut-être 35% à 40% de la population du grand Montréal?»

La question est d'autant plus opportune que les Québécois pure laine, s'ils ne corrigent pas leur taux de fécondité, pourraient voir leur taux de natalité atteindre un sommet vers 2020, puis commencer à chuter lentement au cours des années subséquentes. Notons que le Québec a connu, en 2004, 75 303 naissances et 55 429 décès: les premières sont appelées à diminuer; les seconds, à augmenter.

Les Romains et les Aztèques ont disparu; les Québécois doivent-ils vivre jusqu'à la fin des temps?

On a cru longtemps que le premier devoir d'une nation était de se perpétuer.

Êtes-vous d'avis que tous les immigrants reçus au Québec…

… devraient apprendre et parler le français?

Oui	80%
Non	19%
Ne sait pas	1%

... ne devraient porter aucun signe visible de leur appartenance religieuse ?

Oui	36 %
Non	59 %
Ne sait pas	4 %

Source : Léger Marketing – Sondage Omnibus 2005

3-Le consumérisme et la publicité

Depuis quelques années, on entretient un curieux débat, voire un non-débat, dans le milieu publicitaire. À savoir, devons-nous créer dans le style « universel », qui évite les archétypes québécois, ou bien devons-nous privilégier le style « culturel », celui qui a cours depuis 40 ans ? Il y a deux écoles et un faux débat. Qu'importe la méthode de création d'un publicitaire, si ses campagnes font le succès de ses clients, de son agence et son propre succès. Tout ce qui importe désormais pour les agences francophones, c'est de ne pas perdre le contrôle de la création publicitaire.

Si jamais la création publicitaire francophone disparaît au Québec, nous aurons tout le loisir de discuter des qualités et des défauts de chaque école.

« La traduction tente de transférer le sens d'une langue dans une autre ou d'une culture dans une autre sans en donner l'identité, mais en offrant seulement l'équivalent. La traduction, c'est l'équivalence dans l'identité[50]. »

Le consumérisme, ou à la base *Consumer Movement*, a vraiment pris forme en 1965 avec la parution du livre *Unsafe at Any Speed*[51] de l'avocat Ralph Nader, livre qui dénonçait le design non sécuritaire de la Corvair de General Motors. Ce terme désigne la défense des consommateurs par des mouvements ou des associations. Il s'agit également d'une idéologie économique où la consommation de biens revêt une importance capitale[52].

---

50. Henri Amblard, Philippe Bernoux, Gilles Herreros et Yves-Fréderic Livian. *Les nouvelles approches sociologiques des organisations*, Paris, Le Seuil, 1996, 244 p.

51. Ralph Nader. *Unsafe at Any Speed*, Grossman Publishers, 1965 ; Knightsbridge Pub Co Mass ; Rp/25th, Réédition mars 1991.

52. Source : Wikipédia.

La publicité aura connu ses « Trente glorieuses » entre les années 1965 et 1995.

Les agences se sont multipliées : elles sont désormais près d'une cinquantaine à Montréal (251 agences répertoriées dans tout le Québec). La plus importante agence canadienne, le Groupe Cossette Communication, est québécoise. Les plus grosses, qui ont pignon sur rue à Toronto, ont fait leurs preuves en français avant d'attaquer le marché canadien, en anglais. D'autres se sont spécialisées, comme l'agence Popcorn qui ne travaille que pour l'industrie du cinéma. Toutes ces agences, qui ont connu des années de vaches grasses, ont vu leur marché se rétrécir depuis 5 ou 10 ans. Le scandale des commandites arrivait au pire moment, même s'il est encore difficile d'évaluer les dommages qui en découlent dans l'ensemble de l'industrie. Toronto n'a pas tardé à pavoiser.

Pour augmenter leurs chances de succès, les agences des prochaines décennies devront exceller en création anglaise et française ; autrement, elles resteront de petites agences au service de petits annonceurs, ou deviendront tout bonnement des officines de traduction, comme il en existait dans les années 1950 et 1960.

La traduction et l'adaptation publicitaires, que l'on croyait bannies à jamais de nos rives, refont surface sous l'œil ébahi des consommateurs qui, selon plusieurs enquêtes, ont toujours su distinguer une création publicitaire d'une traduction. La mondialisation y est pour quelque chose, mais la perte de nombreux sièges sociaux depuis deux décennies et la relocalisation à Toronto des services de marketing de plusieurs entreprises y sont pour beaucoup plus. Il y a mondialisation et « torontisation ». Les deux styles : culturel et universel.

Dangers des entreprises connexes :

Fragilisation des studios d'enregistrement sonores.

Fragilisation des maisons de production de films publicitaires ; perte de budgets ou diminution du chiffre d'affaires des agences, d'où d'importantes pertes d'emplois.

Élimination de nombreux créateurs à la pige.

Diminution drastique des cachets versés à l'Union des artistes.

Affaiblissement des studios d'art graphique.

Manque à gagner de plusieurs fournisseurs de services connexes à la publicité.

Pour ajouter à ce désastre, on sait que les médias ne reçoivent pas leur part de la tarte publicitaire nationale depuis cinq ans.

Certaines agences francophones qui ont fait leur fortune dans la création québécoise ont désormais pignon sur rue à Toronto, où elles font de la création en anglais. Ainsi, tout n'est pas perdu.

Chaque publicité est une thèse écrite par la société sur elle-même ; une société qui n'aimerait pas la publicité qu'elle produit n'aurait pas une très haute opinion d'elle-même. Le jour où la publicité diffusée chez nous ne sera constituée que de traductions, nous aurons la preuve de notre inexistence.

Un consommateur raisonnable :
Croyez-vous que, d'ici 10 ans, vous conduirez une voiture hybride ou sans gazoline ?

Oui	64 %
Non	29 %
Ne sait pas	6 %

Source : Léger Marketing – Sondage Omnibus 2005

4-L'entrepreneuriat

Nous avons fait des pas de géant en 25 ans. Le bilan est globalement positif. Nous avons perdu en chemin notre anti-mercantilisme primaire.

De 1980 à 2003, nos exportations internationales ont grimpé de 190 %, les taux québécois d'emploi et d'activité ont atteint des niveaux record et l'écart de richesse entre le Québec et l'Ontario a rétréci.

Le Québec peut compter sur les « quatre piliers du temple » que sont la Caisse de dépôt, le Fonds de solidarité de la FTQ, la SGF et le Mouvement Desjardins. Nous n'hésiterions pas à inclure le syndicalisme québécois dans les principaux moteurs de l'économie québécoise. Passons l'éponge sur les enflures verbales et la fatuité de certains dirigeants syndicaux. Le taux de syndicalisation de notre main-d'œuvre atteint 40 %, contre

30 % pour le reste du Canada ; ce taux est de 13,8 % aux États-Unis et de seulement 8 % en France.

Les syndicats jouent un rôle important dans la vie de tous les Québécois, syndiqués ou pas : ils participent activement à l'emploi des personnes handicapées, débusquent les « ateliers de misère », défendent les droits des minorités ethniques au travail et participent à leur intégration, luttent pour l'intégrité des territoires agricoles. Le Fonds de solidarité de la FTQ, avec un actif de 5,5 milliards de dollars, et le Fondation de la CSN, riche de 350 millions de dollars, participent directement au succès de nos PME.

Ce sont nos PME qui auront la lourde tâche de maintenir le Québec à flot au cours des prochaines décennies. Déjà plusieurs signaux attirent l'attention, en santé notamment, alors que les premiers baby-boomers passeront au rang d'aînés, en 2010. Imaginez le tsunami qui déferlera quand, après 2010, le nombre de citoyennes et citoyens âgés de 65 ans augmentera, en moyenne, de 200 000 par année, portant la population des aînés à plus de 3 millions en 2030.

« De jeunes entrepreneurs se donnent les moyens de leur réussite », écrit dans *La Presse* Véronique Bouvier. « L'entrepreneuriat n'effraie pas les jeunes [...] on trouve des clubs d'entrepreneurs dans la plupart des cégeps, des universités et même dans les écoles secondaires. » Interrogé par la journaliste, Martin Champoux, un des présidents du Club des entrepreneurs étudiants du Collège de Rosemont, précise « qu'il faut d'abord informer les jeunes tentés par l'entrepreneuriat. Leurs besoins d'information tournent autour de l'insécurité, la motivation et le contrôle du risque ».

Qu'est-ce qui vous empêche en ce moment
de vous lancer en affaires?

Le manque d'intérêt pour les affaires	31 %
Le manque de capital	21 %
J'aime ma situation actuelle	15 %
J'ai déjà vécu une mauvaise expérience	11 %
Le manque d'appui des gouvernements	6 %
La peur d'échouer	5 %
Le climat économique	5 %
Ne sait pas	4 %

Source: Léger Marketing – Sondage Omnibus 2006

5-Le produit culturel québécois

Le défi a été relevé.

Certes, il y a 25 ans, on chantait, on publiait des livres, on créait des pièces de théâtre au Québec; le défi consistait alors à structurer le marketing de nos produits culturels, à en prendre le contrôle, à en élargir l'auditoire et, si possible, à dépasser nos frontières.

Chaque année, une dizaine de jeunes artistes s'envolent à Paris faire connaître leurs talents. Nous exportons des « petites chanteuses », comme on dit en France, et des artistes de toutes disciplines, mais il existe aussi une édition du Festival Juste pour rire à Nantes.

Il y a plus de 20 festivals du film à Montréal, certains très humbles, comme le Festival du film juif et le Festival du film italien. Selon toute apparence, ces festivals bouclent leur budget année après année.

Les Québécois favorisent l'accroissement d'une production faramineuse de téléromans, de séries télévisées. En février 2004, *Les Bougon* étaient regardés par 2 255 000 téléspectateurs, un record québécois. Plus d'un tiers de la population québécoise regardait l'émission ce soir-là.

Depuis 25 ans, il y a eu le Cirque du Soleil, Notre-Dame-de-Paris, Starmania, Cavalia, Céline Dion, Garou et «toutes les petites chanteuses québécoises». Peu de nos troupes et de nos artistes ne se sont produits dans la francophonie. Des films québécois – les *Invasions barbares* de Denys Arcand et *La Grande séduction* de Jean-François Pouliot – et leurs interprètes ont atteint des sommets à l'étranger. Bref, notre produit culturel a la cote[53].

En 2004, les films québécois ont attiré 3,9 millions de spectateurs au cinéma, un résultat record selon l'Institut de la statistique du Québec. Ces résultats couronnent cinq années de croissance continue pour les «petites vues» signées par nos cinéastes. Pourtant, il ne s'agit que de 13,8 % de la fréquentation totale des salles obscures du Québec: si les grands films venus de France se font plus rares, les films américains (hollywoodiens), les *Star Wars* et leurs semblables, obtiennent la part du lion, comme dans la plupart des pays du monde.

Il y a eu un immense progrès depuis la publication, en 1976, du fameux «Livre vert» du ministre de la Culture, Jean-Paul L'Allier, qui faisait état des faiblesses de notre industrie culturelle et traçait des directives de relèvement. Il écrivait: «L'aide à l'industrie culturelle québécoise et certaines formes de protection du marché québécois ne doivent en rien entraver la liberté des citoyens en regard de leur droit de choisir, de consommer tel ou tel bien culturel qu'il soit d'ici ou d'ailleurs. C'est en appuyant des actions visant à améliorer la qualité de ces produits québécois et de leur mise en marché, en participant à des campagnes d'éducation populaire que nous pourrons augmenter la consommation québécoise pour nos propres créations. »

La culture n'est pas un bien marchand comme les autres. Non seulement l'État doit nous protéger des *dumpings* culturels, mais elle doit subventionner la création d'une industrie culturelle viable, compte tenu de la férocité des marchés étrangers. Ce qui ne veut pas dire que nous portions des œillères: le Québec d'aujourd'hui fait l'unanimité dans sa dualité, et encore plus dans sa pluralité.

---

53. Le nombre de longs métrages financés par des capitaux français qui ont reçu l'agrément du Centre national de la cinématographie s'élevait à 203 l'an dernier. Divisé par six, les Québécois devraient produire 33 films par année.

Qu'en est-il de notre littérature? À la fin des années 1970, on comptait 44 éditeurs dont 14 n'éditaient que des manuels scolaires: 657 titres furent publiés. Certains de nos romanciers enregistrent des ventes importantes: *Le Matou* d'Yves Beauchemin a été vendu à 1,2 million d'exemplaires.

Si comme en France, et avec raison, nous considérons la cuisine des chefs comme un produit culturel, nous devons noter les progrès considérables que nous avons accomplis depuis une vingtaine d'années. Sans renier la cuisine de nos grands-mères, le ragoût de boulettes, les fèves au lard et la tourtière, notre savoir-faire culinaire a atteint un certain raffinement grâce à l'imagination de chefs qui sont en passe de devenir aussi populaires que des vedettes de la télévision. Beaucoup font appel à des produits du terroir qui existent depuis toujours, mais que nous semblons (re)découvrir pour notre plus grand bonheur. Les chroniques culinaires abondent dans les médias, les livres de recettes de nos auteurs connaissent des tirages fabuleux, les bons restaurants se sont multipliés par centaine.

6- La langue parlée au Québec

Le défi reste entier.

Les plus pessimistes disent qu'il n'est plus question d'améliorer notre langue, mais d'éviter le désastre annoncé.

Pendant que les linguistes notent une évidente perte de vocabulaire dans toute la francophonie, que la récente mouture du *Petit Larousse 2006* ne s'enrichit que d'une petite centaine de mots nouveaux, une vedette de la scène québécoise affirme: « J'su boss de ma langue et j'la parrrrle comme ç'a m'tente! »

Il y aurait, selon des linguistes, quatre niveaux de français au Québec.

Les derniers chiffres relèvent de 1998: le français de France, ou français soutenu, parfois émaillé de particularismes de bon aloi et tinté d'un léger accent, serait parlé par quelque 100 000 Québécois, professionnels, universitaires, intellectuels, tenants de l'intelligentsia. Le mot est presque toujours juste. Découvrant ce français, l'interlocuteur étranger nous demande souvent si nous sommes suisses ou belges. Il est parlé par des Québécois qui ont voyagé ou fréquenté des interlocuteurs étrangers. Il s'agit aussi d'amoureux de la langue, lecteurs de « bons » auteurs, adeptes des dictionnaires ou du *Multi Dictionnaire des difficultés de la langue française.*

C'est le niveau de français que la société Radio-Canada recommande à ses animateurs, commentateurs et journalistes ; les fautifs, à l'occasion, se font rabrouer par le « linguiste officiel », aussi connu sous le sobriquet de « l'ayatollah de la langue ». Paradoxalement, notre société d'État met réguliè- rement en ondes des séries en pur joual, certaines frisant la vulgarité correspondant au quatrième niveau de langue.

Au deuxième niveau vient le français standard ou correct, souvent imagé de particularismes, parlé, avec un accent plus ou moins prononcé, par les trois quarts de la population. Il est souvent émaillé de quelques savoureuses expressions du terroir ; c'est la langue de nos hommes et femmes politiques, de nos professionnels. Un observateur étranger pourrait vous demander de préciser certains régionalismes, des calques de l'anglais par exemple, mais trouver le tout charmant et exotique. Ce niveau de langue s'améliore d'année en année. On y entend de moins en moins de « moé pis toué » et les « ici » remplacent les « icitte ». À ce niveau, on peut reconnaître certains accents locaux : la langue chuintante des Montréalais, sifflante, sans relief sonore ; le français grasseyant des Québécois de la ville de Québec qui fit de Jean Lesage un tribun remarquable ; celle des Acadiens, que l'on parle aussi aux Îles-de-la-Madeleine, dont les consonnes dentales *d* et *t*, prononcées en appuyant la pointe de la langue contre les dents, rendent la langue plus musicale, plus pure, plus française.

Au troisième niveau apparaît le français populaire ou familier (aussi appelé joual), et là, les choses commencent à se gâter sérieusement. Le vocabulaire s'appauvrit, l'accent s'alourdit, la bouche se ramollit, les anglicismes triomphent. Un francophone étranger mettra longtemps à se faire l'oreille. On entend des « ketchose » (quelque chose) et « kequ'un » (quelqu'un), les « moé pis toué » sont indécollables. Le français québécois « gna-gnan », dont l'accent nasillard et la pronon- ciation défaillante sont souvent exagérés et tintés de quelques sacres, fait aussi parti des registres de langue employés par certains de nos intellectuels, étudiants, intervenants sociaux ou communautaires qui veulent souligner leur appartenance au clan.

Au quatrième niveau, abandonnez le navire : il n'y a rien à espérer. Ce n'est plus du français, mais un sabir, un jargon. La langue vulgaire exprime des pensées vulgaires. « Va chier, mange d'la marde. » Les femmes deviennent des « plottes ». Autant d'expressions que ne comprennent pas les étrangers francophones : « est là qu'a watche », (elle est là qui surveille), « on part sur une baloune avec une guidoune ». Le vocabulaire ne dépasse pas 500 mots, parmi lesquels « fuck » et « man » sont répétés à satiété.

Les Québécois ont mal à leur langue.

Une commentatrice de la télévision affirmait que les Québécois parlaient mal leur langue parce qu'ils ne lisaient pas assez de livres. Ben voyons don' ! Un article de Frédérique Doyon dans *Le Devoir* (1er avril 2005) devait lui donner raison. La famille ontarienne dépense environ 212 $ par année en livres, comparativement à 170 $ pour la famille québécoise. Voilà les Ontariens plus à la page que nous. L'article fait remarquer que les grands centres urbains recrutent plus de liseurs, qu'un revenu familial plus élevé favorise l'achat de livres et que les titres anglais ou américain coûtent moins cher ; il ne tient pas compte des ouvrages empruntés à la bibliothèque ni de ceux que se prêtent des lecteurs, une coutume assez répandue au Québec. On sait que les femmes achètent 80 % des livres au Québec.

L'expérience de Marc Cassivi, chroniqueur à *La Presse*, ne laisse pas indifférent. Comme tous nos journalistes, il écrit un français correct, celui des grands quotidiens de la francophonie. Ici, il nous parle de l'obsession de la langue : « Je suis, comment dire, extrêmement sensible au niveau de langage utilisé par un auteur. Un exemple : les personnages de *La rage de l'ange*, le premier long métrage de Dan Bigras, pour la plupart des jeunes de la rue, s'expriment dans une langue qu'on a peine à croire : ils conjuguent trop bien leurs verbes, ont une pensée trop structurée, des expressions trop soignées, pour qu'on leur prête une quelconque vraisemblance. Pas que tous les jeunes de la rue massacrent le français, mais il y a des limites à leur mettre des mots pointus dans la bouche. »

La position du journaliste pourrait sembler originale. Non: elle exprime l'ambivalence des Québécois qui, selon le pays d'origine, le milieu, l'occasion, passent du niveau 1 au niveau 4 de la langue. C'est dans ce sens-là que les Québécois souffrent de leur langue. Comment s'adresser aux Français à la douane, au restaurant, chez le fruitier sans se faire crucifier de leur fameux « Plaît-il ? » qui équivaut à « Quelle langue parle ce zigue ? »

La sortie française du film *C.R.A.Z.Y.* devait rendre tout le monde heureux, jusqu'au jour où un quotidien de Paris nous apprit que le film fétiche des Québécois « serait sous-titré en français de France ». Certains de nos cinéphiles québécois ne cachèrent pas leur indignation devant l'insulte ; d'autres félicitèrent l'initiative des Français qui, ainsi, sauraient savourer la finesse d'une expression québécoise juteuse et bien de chez nous. C'est selon.

Il y a le joual du frère Untel qui ne conserve du français et de l'anglais que quelques sons inintelligibles, puis finalement le français « quétaine », le joual poussé à l'extrême qui, sans confondre niveau de langue et propos, sert fort bien les envolés scatologiques et vulgaires.

Il y a la « parlure » des anciens Québécois, sortie des boules à mites pour une récente campagne de publicité de Bell Canada (le garçonnet qui se fait laver dans la cuvette), qui n'a rien de vulgaire. Pourtant, nos agriculteurs, qui, avec raison, ne se perçoivent plus comme des « habitants » du XIXe siècle et qui ont depuis longtemps remplacé le français de Séraphin et de Donalda Poudrier par un français correct, protestèrent avec véhémence jusqu'à ce que la campagne des « téléphones à poche » fût retirée des ondes. Cette publicité connut un succès de bouche à oreille inespéré.

Certains de nos écrivains à succès s'expriment en pur joual, d'autres, en excellent français : des téléromans à forte cote d'écoute adoptent le français « quétaine », d'autres, le français correct ; certains films québécois seraient incompréhensibles en dehors de nos frontières, d'autres utilisent un français qui n'a nul besoin d'être sous-titré. On y perd son latin.

La relation des Québécois avec leur langue ne cesse d'étonner.

Après maintes études démontrant que les consommateurs veulent que l'on s'adresse à eux en bon français, la langue publicitaire s'est nettement améliorée. Le concours annuel de l'Office québécois de la langue française, qui récompense les meilleurs messages publicitaires rédigés selon les canons de la langue, n'est pas étranger à cette prise de conscience des «pubeurs». Les publicitaires ne peuvent pas remplacer les professeurs de nos écoles, mais comme «la publicité a cent bouches pour répéter cent fois la même chose», on peut facilement imaginer les ravages que peuvent causer les publicités qui empruntent un ton condescendant.

Reste que l'on écrit mieux que l'on parle au Québec. La qualité du français dans les journaux est supérieure à celle du français parlé dans plusieurs médias électroniques.

La journaliste Denise Bombardier, qui a osé critiquer la langue de certains humoristes, s'est fait traiter de noms d'oiseaux par ces «comiques» qui réclament le droit de parler comme bon leur semble.

La preuve que la langue intéresse les Québécois : nos huit panélistes se sont tous exprimés sans détour sur le sujet.

Aîné-homme, fonctionnaire à la retraite, nous donne un son de cloche assez sévère : «Moi, je serais pour la langue de Félix Leclerc, de Vigneault et de Ferland. Ils chantent en français, mais avec une nuance québécoise qui n'a rien de vulgaire. Céline chante en bon français et tout le monde la comprend. Pourtant, dans la vie, elle parle avec un fort accent québécois. Hélas ! sous prétexte de parler "québécois", on francise des mots anglais, on ajoute des "super", des "hyper" partout, on se moque de la grammaire, on y va dans le laid, le vulgaire et le mauvais goût. On ne parle même pas un patois : la langue de 50 % des Québécois ne porte pas de nom tellement elle sonne mal. Il n'existe qu'une seule langue française : on la parle bien ou on la parle mal. Pour un peuple qui affiche "arrêt" au lieu de "stop" aux coins des rues, il y a lieu de s'interroger.»

Boomer-femme est plus nuancée : «J'aime bien les expressions de chez nous comme "se sucrer le bec" ou "le lendemain de la veille" ; on en a des milliers que l'on pourrait utiliser et qui donneraient une certaine authenticité à la langue québécoise. Je ne pense pas que nous devrions imiter les Parisiens : certains le font à Radio-Canada et ça ne sera jamais la langue de la majorité. Les journalistes écrivent un français correct sans être pédants. Pourquoi ne pourrions-nous pas nous entendre pour parler une langue bien à nous, sans anglicismes, sans sacrer comme des charretiers, et en ouvrant un peu la bouche pour mieux prononcer. Il s'agirait que tous ceux qui parlent en public, politiciens, humoristes, comédiens, s'élèvent d'un cran pour que la très grande majorité les suivît. Il faut parler "québécois", mais bien le parler. »

Que pensaient de leur langue nos littérateurs, tels qu'ils étaient cités dans les anciennes cordes, en 1978 ?

Michel Tremblay : « Le joual, c'est la substance même de notre drame. »

Victor Lévy-Beaulieu : « Le joual, on est là-dedans ; on n'a pas le choix. Il faut s'en servir car c'est un élément de notre vie collective. »

Jean-Éthier Blais : « L'écrivain québécois qui est par définition prophète a donc le devoir le plus strict de décrire la réalité dans un langage universel, le français classique, et nul autre. »

Gaston Miron : « Un créateur a toute liberté d'utiliser tous les niveaux de langage séparément ou en même temps pour créer une œuvre. »

Gérald Godin : « Le bon français, c'est l'avenir souhaité du Québec, mais le joual, c'est son présent. »

Jean-Paul Desbiens, dit le frère Untel : « Le joual est le symbole de notre inexistence. »

Vingt-cinq ans plus tard, nous en sommes toujours au même point. Les « forgerons » de la langue, écrivains, journalistes, publicitaires, ne sont pas prêts à faire l'unanimité autour de leur outil de travail.

Un chercheur de l'Office québécois de la langue française a écouté 600 minutes de bulletins d'information radiophoniques provenant de 32 stations québécoises. Il a relevé 1 100 erreurs. Les lecteurs de bulletins de nouvelles des stations privées feraient trois fois plus d'erreurs que ceux de Radio-Canada. Les erreurs se multiplient en cas d'improvisation, où on laisse tomber les « r » comme dans « su'l fleuve » ou « leu' ministère ». Allez expliquer à un Français que l'expression « la police est là qu'a watche » pourrait se traduire par « la police est là qui surveille », une phrase tirée d'un de nos téléromans populaires.

La langue française est-elle menacée au Québec ? Même avec les deux gardiens de la langue, la loi 101 et la Charte de la langue française, l'influence des francophones au Québec est relative pour deux raisons que nous connaissons : notre faible taux de natalité et la venue des immigrants. En fait, comme le pense le démographe Jacques Henripin, « si péril il y a en la demeure, c'est à cause de la piètre maîtrise de cette langue par les francophones eux-mêmes plutôt que du fait de la réduction de la fraction des locuteurs de cette langue ».

Le Conseil supérieur de la langue française ouvrait involontairement un faux débat en juillet 2005, 30 ans après l'adoption de la loi 101, en recommandant de revoir nos politiques linguistiques afin de tenir compte des nouvelles réalités linguistiques du Québec. Nous serions bien d'accord pour que les jeunes Québécois apprennent plusieurs langues sur les bancs d'école, dont l'anglais, et cela le plus tôt possible ; en Europe, les jeunes étudient le chinois comme troisième langue et réussissent à le parler couramment.

Il ne faut pas faire grincer les rouages de la loi 101.

Cette loi est fragile : elle peut facilement déclencher l'émotivité, les préjugés et la pire partisanerie. Les politiciens ont fait preuve de vision en créant cette loi en 1977, loi qui a permis aux Québécois francophones d'être servis en français dans les magasins, de parler leur langue au travail, de lire des affiches en français et de voir que les immigrants apprenaient leur langue. On oublie trop facilement comment c'était avant. Le cas de la communauté italienne de Montréal est probant : avant la loi 101, les Italo-Canadiens se tournaient vers l'anglais, langue du continent. Depuis, la majorité d'entre eux s'est intégrée au Québec français et plusieurs brillent dans le domaine des communications, des arts et des lettres, du design, de l'alimentation et de la restauration. C'est une grande richesse que le Québec a gagnée grâce à la loi 101.

On ne peut pas tergiverser, user de compromis ou ruser politiquement ou autrement quand il s'agit de la langue française au Québec. Sa perte serait notre perte.

En 1982, 41 % des anglophones se disaient bilingues, contre 81 % en 2003 ; 95 % disent comprendre le français.

La Charte de la langue française nous aura-t-elle évité le pire ? Preuve que les Québécois ne sont pas insensibles aux dangers qui menacent leur langue, l'Office québécois reçoit bon an, mal an plus de 3 000 plaintes comportant plus de 5 000 objets d'infraction touchant l'étiquetage, les logiciels, l'affichage et la langue de service. Les plaintes touchant l'étiquetage étaient en augmentation au cours de l'année passée.

Parlez-vous français?
Selon vous, au cours des 10 dernières années,
le français parlé au Québec…

s'est amélioré	22 %
est resté le même	32 %
s'est détérioré	42 %
Ne sait pas	4 %

EN VRAC…

• Consommation de l'eau et de l'électricité.
• Programme de dépollution des rivières.
• Cultivateurs et producteurs plus responsables.
• Recyclage.
• Producteurs laitiers – la santé par le lait et autres campagnes collectives, «Un verre de lait, c'est bien, mais deux, c'est mieux!».
• Les bons coups de l'OQLF.
• Motos: engins de plus de 700 cc (103 418 au Québec).

Un Québécois, c'est quoi ?

En conclusion, nous allons soigneusement éviter de tomber dans le naïf jovialisme des uns qui ne cessent de crier, pour se donner de l'espoir, que « la société québécoise est vivante, bouillonnante, combattante, rebondissante et remplie de signes pour l'avenir ».

Le Québec est une société fragile.

Certains adorent parler du modèle québécois. Ça fait bien dans les restaurants chic. Peut-on parler de modèle québécois sans tomber dans le nombrilisme ?

En principe, chaque pays offre un modèle unique.

Claude Imbert, du *Point*, écrit, le 5 janvier 2006 : « Une nation sans espoir est un arbre sans branches, sans feuilles. Elle se dessèche jusqu'à devenir cette vieille dame indigne qui ruine ses descendants et rougit de ses aïeux. »

Nous avons trop de racines, six, pour manquer d'espoir. Si l'une d'entre elles vient à flancher, la racine catholique par exemple, une autre prendra le relais. Notre arbre aura toujours des branches et des feuilles.

La passation des pouvoirs de nos PME, les défis des pays émergents, la traduction en publicité, rester francophones en intégrant nos immigrants, voilà les défis qu'en tant que société nous avons à relever. Il ne faut surtout pas décrocher, sinon nous allons créer une situation difficilement réversible. Nous sommes confrontés simultanément au triple choc de l'évolution des technologies, de la démographie et de la mondialisation. Nous pouvons précipiter notre déclin ou renforcer nos chances. Nous avons des choix à faire.

Comme disait un ancien premier ministre français : « La route est droite mais elle est montante. » Optimisme.

Nous ne sommes plus au temps où nous pouvions mettre nationalisme, syndicalisme et féminisme dans une chanson (ou un slogan) et la scander en brandissant des drapeaux fleurdelisés. En mélangeant les couleurs au blanc dans la lessiveuse, tout devient édulcoré. Si ces mouvements restent bons en soi, il faut les traiter séparément, froidement, et leur donner des objectifs désirables. En cela, nous ferions preuve d'une maturité collective qui nous a souvent fait défaut par le passé.

Voici le nouveau modèle québécois
Les enfants maltraités…
Les avortements…
La dette de 100 milliards et plus…
Et nous continuons à aimer le Québec!

APPENDICE

Les quatre âges des consommateurs québécois

COHORTE	ÂGE	NOMBRE
aînés	60 ans et plus	1 450 000
boomers	de 40 à 60 ans	2 800 000
génération X	de 30 à 43 ans	1 950 000
génération Y	28 ans et moins	1 350 000
TOTAL		7 550 000

Il y a toujours quelques années de flottement entre l'âge des cohortes : les consommateurs de la fin d'une cohorte peuvent s'identifier à ceux du début d'une autre, et vice-versa. Il s'agit de groupes d'affinités. Les aînés qui précèdent les boomers ont également fortement subi leur influence et vieillissent moins vite que, disons, leurs pères, mères et grands-parents.

Il ne s'agit pas des quatre générations classiques, arrière-grand-père, grand-père, etc. Un aîné peut avoir épousé une boomer ; un Y peut être né d'une mère X et d'un père boomer.

Les aînés ne forment pas une cohorte homogène : elle se divise en sous-segments diversifiés, complexes. Le dicton *On a l'âge de son cœur* se vérifie en publicité.

Les 60 à 70 ans, les 71 à 80 ans et les 81 ans et plus montrent des attitudes et des comportements fort différents les uns des autres.

Les aînés au travail, ils le sont souvent jusqu'à 70 ans, vivent autrement que les aînés à la retraite. Les octogénaires diffèrent par leur état de santé ou leurs activités sociales. Ils sont tous plus jeunes que leurs parents au même âge, et c'est la cohorte la plus riche des quatre. En publicité, on prendra soin de respecter leurs cheveux blancs, de ne pas les caricaturer. L'attitude « Tasse-toé, mononc' » n'est pas recommandée.

Les mêmes réserves s'appliquent également à la génération Y qui compte un million d'écoliers et d'étudiants (dont 200 000 protestaient dans la rue en mars 2005). Il y a eu 25 000 élèves en moins à la rentrée de 2004 et, cette année-là, on a fermé 15 écoles dans le Grand Montréal.

De même, la génération Y n'est pas un bloc monolithique. Il y a les enfants, les ados, et les jeunes, femmes et hommes, jusqu'à 28 ans.

Le tsunami du pouvoir gris se produira-t-il ? Le passage des baby-boomers au pouvoir gris se fera rapidement mais graduellement. Il n'y aura pas de tsunami. Ils franchiront la ligne fatidique des 65 ans à partir de 2010, par blocs de 130 000 à 150 000 annuellement, et cela, jusqu'en 2030. Cette année-là, la longévité aidant, le Québec comptera une personne sur trois âgée de plus de 65 ans ; dans certaines des villes qui n'auront pas renouvelé leurs effectifs vitaux, une personne sur deux aura plus de 65 ans. Le poids des aînés dépasse déjà dangereusement la moyenne provinciale dans plusieurs régions.

Toute tergiversation, vertu québécoise de la corde 35, pourrait nous être fatale. La démographie, elle, ne tergiverse pas : nous vieillissons d'un an tous les ans. Si nous avons négligé d'intégrer les premiers contingents des baby-boomers aux services sociaux, ils seront deux fois plus nombreux l'année suivante à les réclamer. Et quelle sera leur réaction ? Ils ont toujours été pressés, volontaires. Cette marche en rang serré des phalangistes du pouvoir gris est unique dans notre histoire et ne se répétera plus.

Aînés

Les aînés qui vivent de plus en plus vieux conduisent leurs voitures de plus en plus longtemps. Selon des chiffres récents de la SAAQ, il y aurait sur nos routes 114 000 conducteurs dans la tranche des 75-80 ans, 53 000 chez les 80-85 ans, 2 200 chez les 90-95 ans et 150 chez les 90-100 ans. Passé l'âge de 75 ans, tout conducteur doit se soumettre à un examen médical par an ; après 80 ans, il doit en subir deux.

Boomers

a) Les boomers actuels
b) Les boomers du pouvoir gris

Le passage des boomers à la retraite provoquera des remous. Près de deux PME sur trois passeront en d'autres mains au cours des 10 prochaines années, en grande majorité des entreprises de type familial ou à propriété individuelle. C'est un des secteurs les plus dynamiques de notre entrepreneuriat. La relève est importante pour conserver une richesse collective.

Certains vieux marxistes ont changé d'ennemi : ils ont remplacé le mot « capitalisme » par « mondialisme ».

Il y aurait 80 000 golfeurs au Québec, alors que les « boomers » abandonnent les sports plus violents comme le ski alpin, le hockey, le tennis.

X

Les plus âgés de la génération, les 35-40, tous issus de la méritocratie, ne font que commencer à prendre les commandes des grandes entreprises ; ils sont à peu près tous détenteurs de M.B.A ou de diplômes équivalents.

Y

On traite le prof en égal et non en maître.

Selon les chiffres de la SAAQ, 17,8 % des 16-19 ans et 40,1 % des 20-24 ans sont propriétaires d'une automobile. Les titulaires d'un permis de conduire sans être propriétaires doublent presque ces chiffres, et les jeunes filles approchent les jeunes conducteurs. Certains cégeps en périphérie des grandes villes rapportent qu'un étudiant sur six possède sa vignette de stationnement. Étant donné qu'une automobile, même une « minoune », coûte environ 4 300 $ en frais d'exploitation annuels, il s'agit d'une clientèle intéressante pour les sociétés d'assurances qui depuis toujours « sucrent » leurs polices. Notons qu'une conductrice de dix-sept ans paiera environ 1 000 $ pour assurer sa voiture, tandis qu'un conducteur du même âge déboursera le double.

Nous avons besoin d'élèves dans les salles de classe. Depuis quelques années, les établissements d'enseignement signalent d'importantes disproportions entre le nombre d'emplois offerts et le nombre de finissants capables de les combler. Huit offres d'emploi par diplômé : santé (beaucoup d'offres), mines, construction, administration, agriculture, meuble, foresterie, textile, tourisme. Salaire de départ : de 700 à 1 000 $ par semaine.

Commentant le fait que les jeunes sont exposés à la publicité depuis l'âge le plus tendre (Revue *Commerce – Les Affaires*, juin 2005), le publicitaire Benoit Pilon, de chez Arthur et Merlin, déclare : « Quand on s'adresse aux ados, c'est avec un langage complètement différent de celui d'autrefois. On bâtit la marque, mais on démolit le langage publicitaire traditionnel. Les beaux jeunes qu'on voyait autrefois, ça ne marche plus. Ils ne veulent pas qu'on les définisse, qu'on les montre comme consommateurs. Si l'on veut être entendu, il faut sortir des sentiers battus, et la règle d'or, c'est d'être le moins « publicitaire » possible. » À cela, dans le même article, Serge Lafrance, vice-président de Léger Marketing, cite le succès de la « Sloche » de Couche-Tard : « La plus importante valeur des jeunes est l'environnement. C'est la toile de fond révélée par nos études. Et comme autre valeur fondamentale de cette génération : le non-conformisme. »

Il serait redondant d'affirmer que cette cohorte, les Y, les 18-30 ans, nés après 1977, se différencie nettement de la précédente.

Les membres de la cohorte Y sont multiples et constituent des marchés autonomes selon les tranches d'âge : enfants, adolescents, jeunes adultes, qu'ils soient encore aux études ou sur le marché du travail.

Ils sont indépendants… Plus de la moitié d'entre eux sont issus de familles divorcées, monoparentales ou reconstituées. Devenus autonomes très jeunes, ils sont débrouillards, entreprenants et individualistes sans nuances.

Ils jouissent d'un revenu disponible important… Souvent le seul enfant du couple, ils portent des vêtements griffés, les plus chers, ce qui leur permet d'appartenir à leur groupe identitaire. Où pensez-vous que les 25 000 chérubins ont trouvé les quelque 50 $ qu'il fallait débourser pour fêter la Saint-Jean au parc Jean-Drapeau, alors qu'un autre concert « patriotique » se déroulait gratuitement au parc Maisonneuve ?

Ils sont moins réceptifs à la publicité traditionnelle. Ils utilisent peu les grands médias (12 heures par jour pour la télévision et 17 heures par jour pour Internet) : ils conservent souvent leur passion pour les jeux électroniques jusqu'à la trentaine. Ils sont très critiques envers la publicité, même sur Internet. On les rejoint au moyen de promotions ponctuelles, concerts de musique alternative, des sports extrêmes auxquels leur groupe s'identifie. En médias, ils recherchent plus l'événement spontané, les nouveautés et la nouvelle, que l'analyse de fond.

Ils appartiennent à leur ordinateur. Ils ont les muscles des pouces extrêmement développés et le cerveau directement branché à leur ordinateur. À ce chapitre, ils sont imbattables. C'est la cohorte qui éliminera le papier de toutes nos transactions bancaires, de nos contacts auprès des gouvernements et des fournisseurs de biens et de services.

Les plats cuisinés de type « maison », préparés au restaurant, chez le traiteur ou l'épicier, ont la faveur des jeunes de 18 à 34 ans dans une proportion de 82 %.

La proportion des jeunes âgés de 20 à 29 ans qui vivent avec leurs parents (un ou les deux) a presque doublé depuis 25 ans, pour passer à 41 % en 2001. Plus de filles (41 %) que de garçons (29,8 %) quittent les régions pour les grandes villes, qui semblent offrir un plus large éventail de carrières destinées aux femmes.

Ils roulent en Scooter, pendant que certains Boomers chevauchent encore leur motocyclette…

TABLE DES MATIÈRES